Martinet Delineavit et Sculpsit.

Il n'est point de plus heroïque Bienfaisance,
que celle qui donne son sang pour les siens. *Jean. 15.*

L'ESPRIT

ET

L'EXCELLENCE

DE LA

PROFESSION MILITAIRE,

SELON LES PRINCIPES

DE VERTU ET DE RELIGION.

Dans cet Art brillant & terrible,
Où l'on a la mort à braver;
Si d'autres ont vu l'art de nuire,
De massacrer & de détruire,
Il voit celui de conserver.

M. le Marq. DE PEZAY,
anc. Cap. de Drag.

A PARIS,

Chez CHARLES-PIERRE BERTON, Libraire,
rue Saint-Victor, vis-à-vis le Séminaire
de Saint-Nicolas, au Soleil-Levant.

M. DCC. LXXV.

Avec Approbation & Permission.

AVERTISSEMENT.

*APRÈS avoir vû réduire en Pro-
blême la Question : Si l'on peut être
à la fois Vertueux & Guerrier, Militaire
& Chrétien ? On fut engagé à mettre son
sentiment par écrit, & on consentit à le
communiquer par des vues d'utilité publique. Si donc on se déclare absolument
pour l'une des deux opinions , si l'on
appuye sur les dangers de l'autre , ce n'est
par aucun dessein d'offenser personne. On
se fait un plaisir de rendre hommage aux
talens supérieurs des Antagonistes , lors
même qu'on est obligé d'en combattre quelques abus.*

*Quant à la forme & au style de cet
Ecrit , on est sans prétentions. Ainsi ,
lorsqu'on a vû ailleurs des pensées & des
expressions convenables, on ne s'est point
fait une peine de les adopter. On en a usé
à cet égard, comme un Citoyen qui, chargé*

d'opposer une digue aux progrès d'une inon-
dation, saisit les matériaux qui se trouvent
à portée, & les met en œuvre, selon son
plan, sans se piquer de les préparer tous de
ses mains.

L'ESPRIT

L'ESPRIT

ET

L'EXCELLENCE

DE LA

PROFESSION MILITAIRE.

LA Guerre semble en général être le plus odieux des fléaux qui désolent le genre-humain. La famine & la peste peuvent ne frapper que d'innocentes victimes : la guerre fait des malheureux & des criminels, puisque des hommes en font les causes libres & les instrumens volontaires. Ces considérations ont pu faire naître du doute sur l'accord des principes de la guerre & de la profession militaire avec les principes de la

A

vertu & de la religion. Mais, un pareil doute foutient-il l'éxamen ? Peutil fonder l'éloignement des armes, & le renoncement à la profeffion militaire, dans des perfonnes qui d'ailleurs y femblent naturellement appellées & deftinées ? C'eft ce qu'on veut fçavoir, & ce qu'il convient en effet de ne pas ignorer.

L'oppofition entre ces principes, fut un dogme des anciens Philofophes de l'Inde, que les Manichéens adoptérent dans le Chriftianifme, au point de traiter d'hommes cruels & impies, les Saints mêmes de l'ancienne Loi qui ont fait les plus juftes guerres (1). On fçait que cette erreur a depuis été celle des Anabaptiftes, des Quakers, & de divers autres fectaires. Elle eft auffi celle de quelques Sçavans.

Erafme prétendit que la guerre n'étoit que tolérée parmi les chrétiens,

____

(1) *Aug. contr. fauft. l.* 22.

comme l'uſure & le divorce l'étoient chez les Juifs, à cauſe de l'exceſſive dureté de leur cœur (1). Agrippa ne veut pas même qu'elle y ſoit tolérée, & ſoutient qu'elle y eſt défendue (2).

Selon Machiavel, il n'eſt pas poſſible de vivre honnêtement dans la profeſſion militaire, & un homme de bien n'en a jamais fait la ſienne. *Eſſendo la guerra una arte mediante la quale gli huomini d'ogni tempo non poſſono vivere honeſtamente, ne mai alcuno huomo buono l'eſſercitò per ſua particolare arte* (3).

Mais ce qui a donné parmi nous le plus de relief à ce préjugé dangereux, c'eſt qu'il a été affiché, de nos jours, par deux hommes célébres, Bayle & J. J. Rouſſeau, qui, ayant employé les reſſources de leur génie à lui donner l'appareil d'une vérité conſtante, ſem-

______

(1) *Eraſm. in annotat. ad cap.* 3. *& 22. luc, &c.*

(2) *Agripp. de vanit. ſcient. c.* 79.

(3) *Machiav. della arte della guerra, libr.* 1.

blent parvenus , dans l'efprit de plufieurs, à rendre la chofe au moins pro-
blématique. Voici quelques - unes de
leurs Affertions.

» Les principes de l'Evangile ne font
point propres à la confervation du bien
public , écrit Bayle (1) , parce qu'ils
énervent le courage, & qu'ils infpirent
de l'horreur pour le fang & pour toutes les violences de la guerre ... Exa-
minez bien la chofe, pourfuit-il , vous
trouverez qu'une nation toute compo-
fée de vrais Chrétiens , feroit bientôt
fubjuguée, fi un ennemi terrible entre-
prenoit de la conquérir ; car elle ne
fourniroit point de bons Soldats ... Ils
auroient été élevés à la patience des
injures, à la douceur , à la débonaire-
té , à la mortification des fens. Ils pré-
fenteroient la joue gauche à qui leur
donneroit un foufflet fur la droite ; ils

____

(1) *Bayle. penf. div. t.* 1. §. 141. & t. 4.
§. 124.

donneroient de plus leur habit à qui viendroit leur enlever le manteau... Ils ſe conſidéreroient ſur la terre comme des voyageurs & des pélerins qui tendent au ciel, leur véritable patrie; ils regarderoient le monde comme un lieu de banniſſement; ils en détacheroient leur cœur. Enfin, ils ſeroient peu propres au combat, les plus mal propres du monde à faire la guerre. Ils ſeroient vis-à-vis de l'ennemi, comme des brebis vis-à-vis des loups », &c.

J. J. Rouſſeau, écho de Bayle pour le fond, renchérit ſur lui, quant à la forme ou à l'expreſſion. Pour faire la guerre, » il faudroit, dit-il (1), troubler le repos public, uſer de violence, verſer du ſang; tout cela s'accorde mal avec la douceur du chrétien... Le chriſtianiſme eſt une religion toute ſpirituelle; elle eſt uniquement occupée des choſes du ciel. La patrie du

____

(1) *Contrat ſocial*, *l.* 4. *ch* 8.

A 3

chrétien n'est pas de ce monde. Qu'importe qu'il soit libre ou serf, dans cette
vallée de misére ? L'essentiel est d'aller
en paradis. Enfin , suppofés en butte
aux attaques de peuples guerriers, les
pieux chrétiens feront battus , écrafés,
détruits , avant d'avoir eu le tems de fe
reconnoître , ou ne devront leur falut
qu'au mépris que leur ennemi conce-
vra pour eux. La loi chrétienne , ajoute
Rouffeau , eft, à cet égard , plus nuifi-
ble qu'utile à la forte conftitution des
états ».

Il eft étonnant que de pareils fophif-
mes ayent pu faire illufion à l'efprit
pénétrant de leurs auteurs, & qu'on ait
pu croire , fans être vifionnaire, que ,
felon les principes de la religion , il
faille être lâche par humilité , & porter la patience jufqu'à ne pas s'opofer
de toutes fes forces aux ennemis de
l'État.

Quoiqu'il en foit, les deux philofophes femblent avoir également à cœur

la fortune de leur paradoxe. Mais pour le produire avec avantage, l'un, confommé dans la dialectique, parcourt à loifir fes détours & en épuife l'art. L'autre, fophifte plus éloquent, eft emporté par l'humeur, & femble au fel de l'ironie, le fiel de la haine : conduite qui, loin d'être un préjugé favorable à fes affertions, au tribunal des perfonnes fenfées, ne peut que les leur faire fufpecter, quand d'ailleurs l'abfurdité n'en égaleroit pas l'audace.

La caufe de la religion & de la vraie vertu n'eft pas moins ici celle de la fageffe prophane & de la vertu naturelle. Il eft clair que, fi la Religion prefcrit la douceur au chrétien, la Raifon ne la prefcrit pas moins à l'homme fage & vertueux, à l'homme de bien, à l'homme honnéte, fenfible & bon. D'ailleurs, on fçait que ces derniers, felon tous les maîtres de la fageffe même prophane & de la vertu naturelle, Socrate, Platon, Ciceron, Seneque,

Epictete, Antonin, &c., doivent également tendre vers le ciel comme vers leur patrie, & détacher leur cœur de ce monde, qui n'est à leurs yeux, comme aux yeux mêmes du chrétien, qu'une terre étrangére & un lieu de passage, d'exil ou de banissement. D'où il résulte que, si c'est un crime à l'homme religieux & chrétien de s'engager dans la profession militaire, ç'en est pareillement un à l'homme sage & vertueux.

Ainsi, par une conséquence aisée & naturelle, voilà les divers Etats où regnent les principes de vertu & de religion, dénoncés par nos philosophes, comme autant de vastes parcs d'imbécilles moutons, la proye attrayante, & le butin facile de quiconque voudra s'en saisir; ou, du moins, voilà, selon nos philosophes, la défense & le salut de ces divers états laissés expressément à la lie des peuples, comme un odieux exercice de brigands & un vil métier de coquins.

Ce paradoxe a quelque choſe de ſi étrange, qu'on auroit peine à croire qu'il eût été jamais défendu ſérieuſement par des gens qui ſe piquent de raiſonner, ſi l'on n'avoit remarqué dès long-tems, à la honte de l'eſprit humain, qu'il n'eſt point d'opinion ſi abſurde qui n'ait été celle de quelque philoſophe. *Nihil tam abſurdè dici poteſt, quod non dicatur ab aliquo philoſophorum* (1).

Jamais en effet rhéteurs ne furent moins ſcrupuleux ſur le choix de leurs moyens, que ne le ſont nos deux écrivains, dans la défenſe de leur paradoxe. Ils ſemblent avoir juré de le ſoutenir *per fas & nefas*, aux dépens de qui il appartiendra; méconnoiſſant également les principes de la guerre & de la profeſſion militaire, ceux de la vertu & de la religion; affectant de brouiller & de confondre, ſelon l'in‑

---

(1) *Cicer. de divin. l. 2. n. 58.*

A 5

térêt de leur cause, le juste & l'injuste, le droit & le fait, l'usage le plus légitime & le plus criminel abus.

On trancheroit sans peine la difficulté, en interrogeant l'expérience, qui montre qu'il n'y a point de Nations plus belliqueuses que celles qui font profession du christianisme. Mais nos adversaires qui ont connu combien il étoit facile de les vaincre, en leur opósant la foule des héros chrétiens, ont sçu s'y soustraire, en déclarant d'avance expressément, qu'ils ne veulent point de ces exemples. Rousseau ne connoît absolument point de troupes chrétiennes ; & Bayle n'admet même la suposition de guerriers chrétiens, que comme une réponse pitoyable, d'où il conclut seulement que ces chrétiens ne vivent pas selon leurs principes. Ensorte que, pour bien répondre, il faut dire que les chrétiens, en suivant leurs principes, doivent être de bons soldats. Cette réponse, que prescrit Bayle, est la seule

qu'il veuille recevoir ; elle fera la nôtre : & nous difons, contre le téméraire
défi de Bayle & les audacieux propos
du Génevois fon émule, non-feulement
que les chrétiens peuvent, en fuivant
leurs principes, faire la guerre licite-
ment, mais de plus, qu'en fuivant leurs
principes, ils doivent la faire fupérieu-
rement.

Pour le prouver, au défaut de l'expérience qu'on récufe, peut-être fuf-
firoit-il ici de rétablir, par de fimples
définitions, l'idée réelle & la véritable
notion des chofes. Mais, la maniére
dont on s'eft plu, en divers tems, à
étendre & à fortifier les moyens d'attaque, par divers paflages de l'Écriture, des Peres & de la Tradition, dépo-
fitaires & arbitres des principes con-
teftés, nous fait un devoir de donner
auffi plus d'étendue aux divers moyens
de défenfe, en revendiquant & recla-
mant en faveur du fentiment général
& commun, les autorités & les té-

moignages furpris ou détournés en faveur de l'opinion finguliére & parado-
xale.

Il ne faudra plus que joindre à l'idée
vulgaire de ces mœurs antiques, grec-
ques & romaines des plus illuftres guerriers de l'univers, l'idée moins fami-
liére des inftitutions & des difpofitions
guerriéres que confacrent, dans le Divin Livre, la vertu & la religion mêmes. Cette double idée donnera celle
qu'on doit fe former du digne Militaire, de l'efprit & de l'excellence de
fa profeffion, felon les principes de la
morale, & à tous égards. On ofe le
dire, il réfultera du tout, que les principes & les fentimens de Vertu & de
Religion, loin d'énerver le Courage &
d'exclure la Valeur, en font au contraire le plus puiffant motif, le plus
folide fondement ; & qu'un Militaire,
guidé par ces principes & animé par
ces fentimens, non-feulement peut,
mais encore doit, étre à la fois le plus

intrépide & le plus accompli des Guerriers , le plus magnanime.& le meilleur des Hommes.

La Guerre eſt , dit Grotius au ſens
de Ciceron, l'état de ceux qui tâchent de
vuider leurs différends , par les voyes
de la force. Selon Puffendorf, la guerre
eſt l'état où ſe trouvent ceux qui tour
à tour ſe font du mal , & le repouſſent
de vive force , ou qui tâchent d'arracher par des voyes de fait ce qui leur
eſt dû. La guerre enfin , ſelon Burlama-
qui, eſt l'état de ceux qui cherchent à
faire du mal , & de ceux qui ſe voient
obligés de le repouſſer. Mais l'idée de
la guerre eſt trop commune , & ſes effets ſont trop connus pour s'arrêter à
la définir avec une exactitude minu-
tieuſe. Ainſi, ſans épiloguer ſur les termes de ces définitions & de quelques
autres moins célébres , nous en donne-
rons une qui nous paroît également
courte , claire & naturelle. Selon nous,
la Guerre en général eſt : l'Armement

concerté d'un Peuple ou d'un Etat, contre un autre.

La guerre, ainſi caractériſée par la ſolemnité de ſa ſanction, & diſtinguée des ſéditions, des brigandages ou autres violences particulieres, & des expéditions domeſtiques, néceſſaires pour les réprimer, ſe diviſe naturellement en guerre juſte & injuſte. Une juſte guerre eſt l'armement concerté d'un peuple ou d'un état contre un autre, pour ſa défenſe & ſa conſervation, ou celle de ſes alliés. Une guerre injuſte eſt l'armement concerté d'un peuple ou d'un état contre un autre, pour tout autre objet que celui de ſa défenſe & de ſa conſervation, ou celle de ſes alliés.

On ſent qu'il eſt, en morale, une différence eſſentielle entre une guerre juſte & une injuſte guerre. L'inique oppreſſeur eſt coupable de l'une, & n'eſt qu'un brigand, fût-il d'ailleurs Alexandre ou Céſar. L'innocence opprimée, l'équité généreuſe, & l'ardente charité trouvent dans l'autre un recours naturel & un devoir légitime, d'autant plus méritoire qu'il eſt d'une utilité générale & d'un ſacrifice preſque ſur-naturel. On peut définir le Militaire, à la différence des brigands : un Homme armé par les loix pour le ſalut de la Nation, & qui doit tout faire au beſoin pour elle contre ſes ennemis, au riſque d'en tout ſouffrir, juſqu'à la mort ; *Jurabit miles per Deum omnipotentem quod rei-publicæ cauſâ mortem non evitabit.* Cod. l. xij.

Ce qu'il eſt ſur-tout important de bien diſtinguer ici, c'eſt l'uſage légitime de la guerre, & ſon criminel abus, afin d'éviter les funeſtes incon-véniens du change ; & que lors même que nous ſerons obligés d'avoir un juſte & généreux recours à l'un, nous n'en conſervions pas moins l'éternelle hor-reur de l'autre. » Miſérables mortels ! quelle fureur vous précipite dans les combats, & vous force à vous entre-

égorger ? Jouissez d'un doux repos. Hélas ! la vie est si courte ! faut-il qu'on
se fasse encore un cruel plaisir de l'a-
bréger » ? Voilà ce que disoit Euripide,
il y a deux mille ans. Puisse l'odieuse
idée que les Moralistes offrent par-tout
de la guerre injuste & de l'injuste guerrier , en détourner à jamais tous les
hommes, & leur en faire abhorer l'in-
fernale manie, comme un brigandage
odieux & infame aux yeux même de la
saine raison, autant qu'à ceux de la religion !

Mais, à la différence de ces guerres
injustes , dont on ne peut trop inspirer & concevoir d'horreur , il en est
d'autres que celle-ci nécessitent ; & dont
elles font dès-lors un devoir , consacré
dans les principes de la vertu & de la
religion, autant ou plus même que dans
les principes de la seule raison.

En effet, les Hommes ont mille raisons de s'entr'aimer & de s'unir ; cependant ils semblent Ennemis nés , &

dans un état naturel de guerre. Autant
ils devroient être bons, autant ils semblent méchants. Ces vérités ont leurs
preuves dans l'histoire de l'origine &
des progrès du genre-humain.

La date des siécles de fer, dont le
perpétuel enchaînement a suivi le ra-
pide écoulement de l'âge d'or, est prefque celle du monde, selon l'Ecriture
même. L'homme, nous dit-elle, prefque égal aux anges par l'avantage de sa
création, distingué de tous les animaux,
souverainement préposé à tous, & à
tous les êtres terrestres; l'homme insensé
n'a point connu son bonheur : il s'est
ravallé au niveau des brutes, & il leur
est demeuré semblable. *Homo cum in
honore esset, non intellexit ; comparatus
est jumentis insipientibus & factus est si-
milis illis.*

On peut voir sur ce mystére de la
dégradation de l'homme, consignée
d'ailleurs dans les fastes de tous les
peuples du monde, le Discours sur l'his-

toire univerfelle , & les Élévations de
Boffuet, qui s'explique ainfi dans un autre de fes ouvrages , la Politique tirée
de l'écriture fainte.

» Le premier homme , dit-il , s'étant
féparé de Dieu fon créateur , par un
effet naturel & à la fois par une jufte
punition de fa révolte , la divifion fe
mit dans fa famille , & toutes fes penfées fe tournérent au mal. Il devint de
jour en jour pervers & infociable , non-
feulement en général & à l'égard de tout
le genre-humain , mais encore en particulier à l'égard des fiens , de fa famille
& de fa nation. Dominé par fes paffions,
il ne fongea plus qu'à les contenter , &
toutes devinrent infatiables. L'avare ne
fe raffafie point d'argent , l'ambitieux
d'honneurs , le voluptueux de plaifirs.
Chacun femble vouloir tout pour foi.
En général , il n'y a rien de plus bru-
tal ni de plus fanguinaire que l'homme
laiffé à lui-même. Tous dreffent des embuches à la vie de leurs freres ; & un

homme va naturellement , pour ainſi parler , à la chaſſe après un autre homme pour en répandre le ſang ».

Tel eſt l'excès de la dégradation des hommes : telle eſt leur ſeconde nature , entée ſur l'originelle. On ne peut preſque plus entrevoir l'innocence , la candeur, la bonté primitives de l'une, qu'en les recherchant avec ſoin ſous l'épaiſſe enveloppe de cette ſeconde ; comme on n'aperçoit les reſtes mutilés de tant d'anciens monuments de la Gréce & de l'Italie, qu'en les déterrant avec peine du milieu de cent débris poſtérieurs.

La ſociété humaine , établie originairement par les plus ſacrés liens , eſt ainſi violée & détruite par les paſſions. Il n'y a, dit ſaint Auguſtin, rien de plus ſociable que l'homme par ſa nature originelle , ni rien de plus intraitable & de plus inſociable par ſa corruption actuelle. Platon obſerve que Minos, le plus ſage & le plus ancien des Légiſlateurs grecs , ſemble n'avoir eu en

vue que la guerre dans la fanction de
fes loix célebres ; comprenant , dit le
philofophe , que les richeffes , les arts ,
le repos, l'aifance , & tous les avantages de la paix , étoient , comme la
paix elle-même , les fruits de la guerre , & ne fe confervoient que par elle.
Dans ce fens , l'empereur Zénon carac-
térife les inftitutions militaires, en les
nommant les premiéres Loix de l'état
& de la fociété, les loix confervatrices
de tous biens. *Militares leges quafi omnium maximæ, bonorum omnium confervatrices.*

Les Nations en effet ne peuvent guéres fe livrer à l'efpoir d'une bonne
paix, qu'à l'heureufe iffue d'une bonne
guerre. Attendu l'injuftice & la mé-
chanceté des hommes, la guerre eft néceffaire , dit Panage. Un état deftitué
de guerriers , fourmilleroit en vain
de confeillers ; il ne fera jamais ,
dit le chancelier Gerfon, qu'un corps
fans cœur. La paix eft un don du ciel,

il eſt vrai ; mais il en eſt de ce don
comme de tous les autres , qui ne fruc-
tifient que par nos ſoins. L'homme eſt
en général, dit l'Ami même des hommes , un Animal qu'on ne fait demeurer en paix qu'à force ou par la guerre.
De-là ce droit rigoureux du glaive &
de la guerre , fondé ſur l'indiſpenſable
beſoin d'en repouſſer l'ancien , & pour
ainſi dire, le perpétuel fléau.

En effet , c'eſt d'un des premiers
deſcendans de Noé que l'Ecriture obſerve qu'il fut le premier ſur la terre
que l'amour de la puiſſance porta à
envahir les Pays voiſins. Pluſieurs, avant
les cinq Rois ligués contre celui de Sodôme , voyant d'un œil jaloux & envieux l'opulence de leurs Voiſins , en
réſolurent la ruine & le pillage. Pluſieurs , avant le préſomptueux Ama-
ſias, roi de Juda , enflés de quelques ſuccès contre un ennemi , crurent ne pouvoir plus que s'illuſtrer en attaquant même leurs amis. Pluſieurs, ſans autre

Dieu qu'eux-mêmes , ni d'autre droit que celui de leur épée , comme le superbe roi de Babilone , jurérent , avant lui , de subjuguer de force quiconque n'adopteroit pas de gré leur empire , & n'encenseroit pas l'idole de leur orgueil. Dans tous les tems , combien n'ont pu voir , sans un secret dépit , sans desirs , desseins ou projets sinistres , l'accroissement , le crédit , l'opulence , la fortune , l'éclat , le pouvoir , en un mot ; l'état florissant d'une nation voisine? Combien enfin , présumant de leurs forces , ont , dans tous les tems attaqué , sous divers faux prétextes , & par divers injustes motifs , ceux dont ils ont cru pouvoir triompher ; & leur ont ainsi non-seulement donné le droit , mais encore imposé le devoir d'une défense qui ne peut avoir lieu que par la guerre ?

S'il étoit sur la terre un Tribunal où les Peuples divers & les Princes leurs représentans , pussent être jugés souverainement & en dernier ressort , comme il est réglé que les Princes d'Allemagne doivent l'être à la Diette de l'empire, & comme l'étoient les Etats de la Gréce au tribunal des Amphictions, les peuples oprimés dans leur foiblesse se hâteroient sans doute d'y recourir. Un tel tribunal, en possession de juger paisiblement les peuples & les rois, épargneroit au Genre-humain des flots de sang.

Mais les Etats & leurs Princes, quoique sujets à autant ou plus de passions en général qu'en particulier, n'ont sur la terre aucun Supérieur qui puisse recevoir les plaintes réciproques des uns contre les autres, & y faire droit ; connoître judiciairement de leurs Différends, & les terminer. L'opprimé, foible & sans armes, reclameroit en vain contre la violence du fort armé, les voyes paisibles d'un juste arbitrage. Mars en fureur consterne Thémis ; le bruit des armes étouffe sa voix, ou ses foibles accens n'obtiennent que le mépris & provoquent l'outrage.

Ainsi les Peuples & les Rois , également au-deſſus des formes & du fond , du droit & des loix , les uns à l'égard des autres, en ſont réduits aux voyes de fait , ou néceſſités à ſe faire juſtice par leurs mains ; & encore une fois , la Force eſt le ſeul reméde à l'Oppreſſion.

Hé , dans cette ſituation , n'eſt-ce donc pas un bonheur de pouvoir, par quelques troubles & quelques maux paſſagers , prévenir l'éternel cahos d'un bouleverſement général ? N'eſt-ce pas un bonheur pour l'humanité, qu'il ſe trouve des hommes aſſez généreux pour la garantir de cet affreux cahos d'un bouleverſement général , en détournant & en prenant même volontairement ſur eux ſeuls, les maux particuliers & les divers accidents qu'il n'eſt pas poſſible de parer ?

C'eſt ſous ce point de vue que l'unanime accord des peuples & des nations a conſacré l'Excellence de la profeſſion Militaire , par l'eſtime , les éloges ,

ges , les priviléges , les honneurs extraordinaires dont ils l'ont comblée
dans tous les siécles. Sous le sage gou-
vernement des Romains , les charges
& les dignités civiles ne pouvoient être
conférées qu'à ceux qui avoient fait
preuve de leur amour pour la Patrie ,
par dix ans de Service militaire. An-
térieurement à l'établissement arbitraire
de toute autre sorte de Noblesse , le
Militaire a fait révérer la sienne , en la
montrant , non pas écrite avec l'encre
sur des papiers & des parchemins d'hé-
ritage ou d'achat , mais gravée sur son
propre corps avec le fer & l'acier ,
en caractéres de sang & de feu. Caractéres augustes , sacrés , à qui les Loix
mêmes donnérent d'être au-dessus d'elles , & de les représenter souverainement dans les occasions les plus importantes , sans ce concours de formalités
dont elles ont besoin pour exercer leur
empire.

La volonté du Militaire , exposé à

mourir au milieu des fatigues & des
périls de la campagne , pour la défense
& le falut de l'Etat , y a force de Loi,
dit le Code : *Voluntas militis in expedi-
tione occupati pro jure fervatur.* Que leur
derniére volonté , s'ils meurent en
Campagne , foit exécutée fans con-
teftation, de quelque maniére qu'elle
foit manifeftée. Que leur difpofition
Teftamentaire , écrite avec leur fang ,
fur le foureau de leur épée, fur leur
bouclier , ou même tracée avec leur
pique , fur la poufliére du Champ de
Bataille où ils perdent la vie, ait la force, l'efficacité pleine & entiére, d'un
acte revêtu de toutes les formes ». C'é-
toit bien en effet le plus noble caractére, & la forme la plus facrée, dont
un teftament pût être conçu !

Les Nations les plus éclairées , ont
multiplié à l'envi les prérogatives per-
fonnelles du Militaire , y ont aplaudi
de tout tems. Le Héros défenfeur de
l'Etat, y a naturellement les premiers

droits à la reconnoiſſance des Citoyens. On a ſenti que, s'il eſt des ſervices dont les peines s'apprécient & ſe payent quelquefois avec uſure, comme ceux même du Magiſtrat & du Commerçant, de l'Artiſte & de l'Agriculteur, qu'on voit en recueillir ſouvent au-delà du centuple; le Sang de l'homme libre eſt ſans prix, ſa vie au-deſſus de toute valeur. On a cru naturellement ne pouvoir trop donner à qui, comme le Militaire, fait profeſſion de nous donner & de nous conſerver tout, en ſe ſacrifiant lui-même, pour notre défenſe & notre ſalut.

Si quelquefois on a paru voir moins volontiers les Priviléges de la Nobleſſe Militaire, ce n'a été qu'en les regardant avec l'œil louche & intéreſſé de la jalouſie, & par un de ces effets momentanés de la paſſion, contre leſquels la raiſon reclame bientôt, comme l'obſerve très-bien le Chancelier Gerſon, dans un diſcours prononcé au nom de

l'Univerſité , en preſence du Roi &
de la Cour. » Il eſt , dit ce Docteur,
réputé en ſon tems l'Oracle de la nation ; il eſt ordinaire aux trois Etats ,
qui forment les ſociétés politiques, de
fomenter l'un contre l'autre d'envieux
Préjugés. Le Tiers-Etat , qui ſent le
poids autant que le prix de ſes travaux,
impute avec humeur aux deux autres
une vicieuſe inutilité, & une opulence
abuſive. Le Clergé , dépoſitaire de la
doctrine & des études , renvoie avec
hauteur l'ignorant vulgaire aux mé-
chaniques emplois de ſon trafic & de
ſon négoce. Le Militaire , fier de ſa
Nobleſſe & de ſon pouvoir , ſemble
ſouvent dédaigner à la fois le peuple
& le Clergé, qui , ſouvent auſſi par ré-
préſailles , s'accordent à le déprimer ».

» Mais , demande l'Orateur, quel eſt
le fruit de ces mutuels reproches? Une
aigreur funeſte , & une diviſion deſ-
tructive du tout : comme ſi les divers
Membres du Corps, loin de concou-

rir à ſa conſervation & à ſon bien-être,
n'avoient de force & de mouvement
que pour le déchirer avec fureur & pour
l'anéantir. Tel eſt le fruit de cette diſ-
corde des trois Etats : quand au contraire, leur union, leur concorde, procu-
rant à tous également Protection, Inſtruction, Subvention ; ou , défenſe &
ſûreté , ſcience & capacité , finance &
commodité ; fait ainſi la Félicité commune & le Bonheur public ».

» Nous devons regarder, dit encore
Gerſon , les trois Etats du royaume ,
comme les parties eſſentielles d'un ſeul
& même corps. Le Clergé en eſt l'œil,
le Militaire en eſt le cœur, & le Tiers-
état les mains. Ainſi, reprocher à l'Etat
Militaire ſon oiſiveté aparente , en ce
qu'il n'étudie ni ne travaille comme les
deux autres ; ce ſeroit une abſurdité. Il
étudie & travaille en ſon genre , pour
le Bien commun, en s'apliquant à gou-
verner & à maintenir tout en paix , dedans & dehors. C'eſt à peu-près ainſi

que les Pasteurs, bravant les injures de l'air, l'intempérie des saisons, l'attaque des loups & des autres bêtes féroces, veillent nuit & jour à la garde & à la défense du Troupeau; & semblent néanmoins ne faire que rester oisifs, & s'amuser tranquillement à regarder ce qui les environne ».

Socrate défendoit les priviléges du Militaire par cet apologue, au raport de Xénophon. Du tems que les Bêtes parloient, dit le sage, les brebis dirent à leur maître : vous étes en vérité admirable; nous vous rendons de la laine, des agneaux, des fromages; & néanmoins vous ne nous donnez rien, que ce que nous pouvons pincer d'herbe dans les pâturages. Le chien, au contraire, ne vous raporte aucun profit; & il est si bien traité, que vous le nourrissez du pain même de votre table! Le Chien entendant ces plaintes, répondit: ce n'est pas sans raison que l'on me donne cette espéce de supériorité ſur vous ; c'eſt moi qui vous défends, c'eſt moi qui empêche que les voleurs ne vous enlevent, & que les loups ne vous étranglent. Si je n'étois jour & nuit en garde & comme en ſentinelle autour de vous, auriez-vous ſeulement la hardieſſe d'aller paître ? Les Brebis ſe rendirent, & cédérent au chien l'avantage qu'elles avoient prétendu.

De là, les premiers honneurs, ceux de la Royauté même héréditaire, déférés par les Peuples au Héros guerrier ; comme le juſte prix & la récompenſe naturelle de ſes diſpoſitions courageuſes & bienfaiſantes, de ſes veilles & de ſes fatigues, de ſes travaux, de ſes peines, en un mot, des conſtans efforts de ſon zèle, & des heureux ſuccès de ſon héroïque dévouement pour le bien commun, pour la défenſe & le ſalut de la Patrie. » Soyez notre Roi, dit tout Iſrael à Gédéon victorieux de ſes ennemis, ſoyez notre Roi, vous & votre fils, & les fils de vos fils ; parce que vous nous avez délivrés du glaive des Madianites ». *Quia liberafti nos , de manu Madian.*

Ce même peuple déféra depuis , par les mêmes motifs, aux héros Machabées , l'empire offert à Gédéon. Les anciens Francs & Normands , déféroient dans cette vue l'autorité souveraine à leurs plus habiles Généraux. Les Armoriques se donnérent ainsi à Clovis , vainqueur des Romains dégénéres. La plûpart des Nations n'ont pas élu autrement leurs premiers Rois ou Monarques. Dieu ayant enfin accordé un Roi aux inftances des Ifraélites , une partie de la Nation , refufa quelque-tems de reconnoître Saül en cette qualité ; parce qu'il ne lui fembloit point avoir affez de valeur & de capacité militaire, pour l'affranchir du joug de fes ennemis. *Num falvare nos poterit ifte ?*

Ceci se voit dans les mœurs de l'Antiquité, même profane. » Glaucus , dit Sarpedon, dans l'Iliade, pourquoi nous

donne-t'on par tout les premiéres places , les portions les plus honorables ?
Pourquoi nous regarde-t'on comme des
Dieux ? Montrons - nous dignes de ces
glorieux priviléges , en nous expoſant à
la tête de nos braves Liciens , aux furieux dangers qui les menacent ; afin
que ces généreux Guerriers ſoient for-
cés de dire : en vérité , nos Princes ne
gouvernent pas ſans gloire la fertile Li-
cie ! C'eſt avec juſtice qu'ils boivent nos
vins les plus délicieux : ils ne les boivent pas en Princes Fainéants qui n'aiment que la table ; voyez les effets de
leur courage , ils s'expoſent les premiers
à tous les périls » !

» Seigneur , dit encore dans Homere ,
Neſtor à Agamemnon , daignez calmer
votre courroux contre Achille ; quels
que ſoient ſes torts , daignez uſer avec
lui de ménagement : car il eſt le plus
ferme rempart des Grecs , dans les ſanglants combats ». Ce héros ne l'ignoroit
pas , il ſçavoit même trop faire valoir

fon prix , & de quelle importance étoit
fa valeur au falut de la Grece. S'obftinant
à refufer fon fecours qu'on étoit contraint d'implorer, » Non, difoit-il, car
quel gré me fait-on de ce que j'ai combattu fans relâche, & foutenu tout le
faix de la guerre ? Que me refte - t'il
de toutes les fatigues que j'y ai ef-
fuyées, en m'expofant aux plus grands
périls ? Comme un Oifeau a foin de fes
Petits qui ne peuvent encore voler, &
s'expofe à toutes fortes de dangers & de
fatigues pour leur porter la nourriture
dont il fe prive ; j'ai effuyé pour les
Grecs des dangers & des fatigues infinies. J'ai paffé les nuits fans dormir ,
& les jours dans le fang & dans le carnage ; combattant toujours pour eux ,
pour leurs Femmes & pour leurs Enfans ».

Ce qui rendoit Achille fi précieux
aux Grecs , rendoit Hector auffi précieux aux Troyens. » Il étoit nuit & jour
un fujet de joie & de triomphe pour

ſa famille , dit la Reine Hécube ; il étoit le ſalut des Troyens & des Troyennes, qui le regardoient comme un Dieu. Sa valeur faiſoit toute leur gloire. Mon fils Hector , dit Priam, n'a point été tué comme un lâche ; mais en défendant juſqu'à la derniere goutte de ſon ſang , les Troyens & les Troyennes ». Ceux des Princes ſes freres qui étoient moins renommés par leur goût , leur valeur & leur capacité militaires , en étoient preſque dégradés, dans l'eſprit même de leurs Parents. » Dieux , s'écrioit Priam, en proie à ſa douleur , mon cher Hector , & tout ce que j'eus de braves enfans , l'impitoyable Mars me les a ravis : il ne m'a laiſſé que ces lâches adonnés au menſonge , plus propres à danſer toutes les nuits avec des Femmes, qu'à combattre les Ennemis ; & qui ne font qu'être à charge à mon peuple , dont ils dévorent la ſubſtance » !

» Hélas ! diſoit Andromaque fondant en pleurs, à la mort du héros son époux, il étoit une source de joie & de triomphe pour Troye & pour tout son Peuple ! il étoit le plus brave & le plus heureux défenseur de la Patrie ! Sa valeur mettoit à couvert de toute insulte les Troyens, leurs chastes femmes, & ces nombreux enfans qui sont répandus dans l'enceinte de nos murailles ! Ah c'est avec raison que les Peuples sentent si vivement sa perte, & remplissent la Ville de leurs cris & de leurs gémissemens ».

» C'est un trésor, dit Tyrtée, (ce Poëte courageux d'Athènes, qu'adoptérent les Spartiates, & auquel ils dûrent leur salut) c'est le trésor de l'Etat, & le bien commun de la nation qu'un digne Militaire, dont la généreuse intrépidité cherche les périls & brave la mort même, pour le salut de la Patrie. Soit qu'il meure dans le combat, ou qu'il survive à la victoire qui sauve son Pays, il en est également l'Idole. Riches & pauvres , jeunes & vieux , tous ſe lévent à ſa rencontre , tous à ſon aſpect , à ſon nom même , treſſaillent. Tous l'admirent , tous le ré-vérent , tous l'aiment , tous font tout reꞓ-tentir de ſes louanges , & les tranſmet-tent à leur Poſtérité , qu'ils chargent d'en payer le tribut à la ſienne : car il fut le Rempart de la Patrie & s'expoſa pour toute la Nation » .

Mais , on n'a peut-être jamais vu mieux qu'en France & de nos jours , combien les Peuples ſçavent diſtinguer & apprécier le mérite ſupérieur , & l'excellence de la profeſſion militaire. Les François aiment leur Roi plus qu'au-cune autre Nation du monde ; cepen-dant lorſqu'il plaît au Ciel de le leur enlever , dans la paiſible enceinte du ſéjour royal , ſelon le cours ordinaire des choſes , leur douleur a ſes bornes : ils ſe réſignent à la volonté de Dieu , qu'ils ſçavent ne le leur avoir donné que pour un tems. Mais lorſqu'en 1745.

Louis Quinze , dit depuis cette époque ,
le Bien-aimé , après une Marche forcée d'une Frontiére à l'autre , où l'Ennemi prévaloit , succomba enfin aux
fatigues de cette double & dure campagne , & parut réduit à l'extrêmité ,
dans Metz : alors , non , le danger mortel d'un fils unique ne cause pas plus
d'inquiétudes & d'allarmes aux plus tendres Meres , que le danger du Roi n'en
répandit dans toute la france.

La nouvelle en vint à Paris au milieu
de la nuit ; alors , disent les Historiens
de ce moment , on se reléve , tout le
monde court en tumulte , sans sçavoir
où l'on va ; les Eglises s'ouvrent en pleine nuit ; on ne connoît plus le tems
ni du sommeil , ni de la veille , ni du
repos. Paris , semblable dans sa terreur
à une Ville prise d'assaut , étoit hors
de lui-même. Tout le monde s'abor-
doit , s'interrogeoit dans les places &
dans les rues , sans se connoître. Il y eut
plusieurs églises où le Prêtre qui pro-

nonçoit la priére pour la fanté du Roi, interrompit le chant par fes pleurs, & le Peuple lui répondit par des fanglots & par des cris. Le Courier qui aporta la nouvelle de fa convalefcence fut embraffé & prefque étouffé par le peuple ; on baifoit fon cheval, on le menoit en triomphe : toutes les rues retentiffoient d'un cri de joie, *le Roi eft guéri !*

Hé, pourquoi l'excès glorieux & flatteur de ces divers tranfports ? Le peuple lui-même, en rendoit hautement la raifon naturelle. C'eft que fon jeune Roi, qui auroit pû vivre loin du danger, au milieu des délices de Verfailles, étoit allé pour lui à la guerre, partager les travaux, les périls de l'Armée, & y périffoit de fatigues. On fe fouvient en tous lieux d'y avoir entendu le peuple multiplier les accens de fes tendres allarmes : *Le Bon Roi ! aurions-nous donc le malheur de le perdre ? ah ! s'il meurt, c'eft pour Nous ; c'eft pour avoir marché à notre fecours, &c.*

Il faut en convenir , rien n'éleve tant l'Homme au - deſſus de l'homme même & de l'humanité , rien ne l'aproche plus de la Divinité , que l'auguſte fonction qui caractériſe le digne Militaire , & qui , au riſque de tous ſes biens , aux prix de ſon ſang & de ſa vie , le conſtitue protecteur & conſervateur , défenſeur & libérateur , Sauveur des hommes , comme parle l'écriture : *Dedit eis Salvatores qui ſalvarent eos de manu hoſtium... Salvatorem Othoniel , &c.*

Les Loix Romaines , jalouſes de conſerver la dignité de cette fonction ſacrée , en excluoient formellement les Perſonnes flétries dans leur honneur ou dans leurs Mœurs ; tous Criminels , Bannis , Exilés , & juſqu'aux ſimples Accuſés. L'intégrité du Militaire devoit aller juſqu'à l'exemption du ſoupçon. Les Gens d'une Religion équivoque , les gens d'Affaires & de Trafic , les Comédiens , les Eſclaves ou les

Domestiques même douteux , & toute espéce de Gens sans aveu , en étoient exclus. L'esprit de la Loi ne vouloit & n'admettoit à l'honneur de la profession militaire , que des hommes choisis , personnellement distingués par l'élévation & par la Noblesse réelle des sentimens, qui , au-dessus des vues basses du vil intérêt , & libres de tout autre soin , n'eussent à cœur que le salut de la Patrie , & fussent d'esprit & de corps , toujours également prêts à s'y sacrifier.

Le nom seul des Militaires , en latin , *Miles* , leur rapelle ces devoirs héroïques. Il vient , dit la loi , des maux divers dont ils doivent nous défendre en s'y exposant : *Miles à malis quæ pro nobis sustinet , & quæ à nobis arcere debet.* Le nom d'Armées en latin, *Exercitus* , vient de leur exercice habituel aux fatigues , aux travaux , aux périls & aux dangers qu'ils font profession d'essuyer , afin de nous en garantir.

Peut-on voir la Profeſſion Militaire ſous cet héroïque aſpect , qui lui eſt non-ſeulement propre , mais eſſentiel ; & croire que les principes de vertu & de religion faſſent un crime de s'y en-gager , & en rendent incapable ?

Les principales raiſons par leſquelles on voudroit perſuader que des Hom-mes vertueux & chrétiens ne ſçauroient embraſſer la profeſſion militaire , ou faire la guerre en ſuivant leurs prin-cipes , ſe réduiſent à dire , que les prin-cipes de vertu & de religion , inſpirent l'Horreur des inconvénients de la plus juſte guerre , & qu'ils ne laiſſent pren-dre aucun Intérêt à ſes avantages.

Mais , premiérement. Les maux , les miſéres , les calamités , les plus triſtes inconvénients d'une juſte guerre , font à l'égard de l'Opprimé & de ſes amis contraints à ſe défendre , un reméde , violent , il eſt vrai ; mais néceſſité par le beſoin d'éloigner les inconvénients plus terribles encore , d'une guerre in-

juſte, à laquelle on ne s'opoſeroit pas.
A l'égard de l'Oppreſſeur, ces inconvéniens les plus terribles, ſont un châtiment de ſon choix ; trop mérité d'ailleurs, par tant de maux & d'horreurs
dont il ſe fait un jeu d'être l'artiſan, à la
honte & pour le malheur de l'Humanité.

Secondement. Les avantages d'une
juſte guerre, ſont la défenſe, le main-
tien, la conſervation, la paix, le bonheur de la Société en général, & de la
ſociété patriotique ou nationale, en
particulier. Eſt-il donc poſſible, que qui
que ce ſoit ait plus à cœur ces divers avantages, que le Militaire vertueux & chrétien, lui qui trouve à la fois, & qui trouve ſeul, à les maintenir, le ſervice de
Dieu, dont il eſt le miniſtre ; celui de
ſes Compatriotes, dont il eſt le refuge ;
& non-ſeulement toute la Gloire que
peuvent acquérir les autres, mais encore
le bonheur du Ciel même, eſpoir ſublime, prix certain de l'héroïque dé-

vouement de son zèle & de sa charité, pour la défense de ses freres & le salut de sa Nation ?

Donnons quelque étendue à la solution de ces difficultés, qu'on ose apuyer sur l'Ecriture Sainte & la Tradition; & faisons voir qu'elles ne sont spécieuses que pour des esprits superficiels ou peu instruits.

Selon les principes de vertu & de religion, l'Homme semble, dit-on, devoir gémir à la seule pensée des malheurs de la plus juste guerre. Cela est vrai; c'est une différence qui distingue le militaire vertueux & chrétien, d'avec le commun des autres guerriers, qui se font un jeu de les provoquer au gré de leur caprice, de leur intérêt, & de toute autre de leurs folles passions. Ainsi, la plus juste guerre étant un Fléau, il suit de-là que l'homme vertueux & chrétien, apellé au Conseil pour la décreter, ne s'y décidera point qu'il ne soit assuré de sa justice, par l'évidence de sa nécessité.

Ne ſeroit-ce pas en effet être injuſte & barbare, que de s'y décider ſur de ſimples doutes & des préſomptions ? Dans une délibération auſſi importante qu'eſt celle de la guerre, qu'on ſçait emporter, quoique pour le bien général, la ruine & la mort d'un ſi grand nombre de Particuliers, il ne ſuffit pas de penſer qu'on nous a fait tort ; il faut de plus examiner ſi ce tort eſt de conſéquence, & d'aſſez de conſéquence. Lorſqu'il n'y a pas grand choſe à gagner dans le ſuccès, & que, au contraire, pour peu qu'on réuſſiſſe mal, on en recevra beaucoup de préjudice & de dommage ; à quoi bon en courir les riſques ? Quand ce qu'on a lieu de craindre eſt plus fâcheux que ce qu'on a lieu d'eſpérer n'eſt avantageux, il n'eſt pas prudent de s'expoſer au danger.

Que l'injure même qu'on a reçue ſoit ſenſible & criante, tant qu'il vous plaira ; ce n'eſt pas une raiſon d'en aller provoquer de nouvelles, & de beaucoup plus grandes encore. Il eſt d'un homme ſage , lorſque la tempête eſt ſurvenue , de tout mettre en œuvre pour en ſurmonter l'effort ; on peut s'y expoſer même quelquefois ; pour éviter de toucher un écueil , dont l'abord paroit un naufrage certain : mais c'eſt une folie d'apeller la Tempête , & de provoquer ſes coups , lorſqu'on jouit du Calme , quoique altéré par quelques vents & nuages ou orages paſſagers. C'eſt ce qu'inſinue l'Evangile même , par l'exemple de ce Prince , qui n'ayant que ſix mille hommes pour combattre une Armée de vingt mille , péſe à loiſir ſes divers moyens ; réſolu , s'il ne peut ſe flater de la Victoire, à faire au plutôt près de l'ennemi toutes les avances de la paix , pour prévenir une guerre dont les ſuites funeſtes lui pourroient coûter de plus grands ſacrifices, peut-être une ruine entiére. En un mot , la guerre n'eſt juſte , ſelon nous, que lorſqu'elle eſt abſolument néceſſaire ; lorſque la juſtice

qu'on peut attendre de toutes ſes plaintes eſt plus cruelle que les armes mêmes, & qu'on n'a enfin d'autre moyen
de vivre en paix, que de faire la guerre.

Mais la guerre, ſe trouvant enfin dé-
clarée par ceux à qui il apartient d'en
juger, comme étant de la ſorte également juſte & néceſſaire ; le Militaire
vertueux & chrétien, qui en a le plus
gémi, s'y livre alors, d'autant plus
déterminément, qu'il déſire plus franchement d'en accélérer le terme, qui
n'eſt autre que la paix même. Ceci eſt
dans l'ordre naturel. » On doit, dit l'empereur Zénon, ſe porter au-devant des
fatigues & des plus ſanglants hazards de
la guerre, avec d'autant plus de réſolution, qu'on déſire avec plus de paſſion
les charmes du repos & des doux loiſirs
d'une vie paiſible & heureuſe, qui en dé-
pendent ».

Les principes & les ſentiments de vertu & de religion inſpirent donc l'horreur de la guerre, en ce ſens ; oui ſans

doute : de même que la nature inspire
l'horreur des moyens extrêmes & violens
de la Médecine ou de la Chirurgie. Mais
quels que soient pourtant l'amertume de
ses potions , le tourment de ses opérations ; dès qu'il devient certain que
la santé, que la vie de tout le corps en
dépend, il n'y a dégoût, répugnance ,
aversion , horreur qui tiennent : on implore pour le bien du tout , contre les
parties viciées , les plus vives & les plus
sanglantes atteintes de ceux dont on re-
doute le moindre attouchement. La
main secourable qui , par les voies ef-
frayantes du fer, du sang & du feu, contre quelques membres ou parties gan-
grenées , sçait rapeller la vie , & fixer
enfin la santé de tout le corps, y est
excitée de toutes parts ; & le douloureux Bienfaicteur craint d'autant plus de
se livrer dans l'opération , aux ménagements d'une fausse pitié , que son zèle
pour le salut du corps, est plus éclairé, plus sincère & plus affectueux.

On

On voit avec intérêt & reconnoiſſance, un concours de parens & d'a-
mis ſe réunir, l'amertume dans l'ame,
pour charger de liens & conſigner dans
l'horreur des tombeaux civils, tels de
leurs membres, qu'une frénéſie incura-
ble ou l'emportement de paſſions équi-
valentes a rendu les fléaux de la famille
& de la ſociété. On voit encore avec
intérêt & reconnoiſſance, de courageux
Citoyens, accourus aux cris de leurs voiſins qu'outragent des brigands, ne les en
délivrer, qu'en livrant ces derniers aux
mains d'une inexorable juſtice & comme
à celles même de la mort. Non pas que
ces généreux zélateurs de la paix & de
la ſûreté publiques ſoient, même alors,
ſans pitié & ſans compaſſion ; mais ils
détournent leur compaſſion vers l'objet
convenable, l'opreſſion de tout un peuple par quelques particuliers injuſtes.

C'eſt ainſi que le Militaire vertueux
& chrétien, ſenſible au malheur de
ſes compatriotes oprimés, dont les

cris plaintifs l'apellent , vole , à fes
rifques & dangers , les fecourir ; &
n'eft cenfé repouffer l'inique agreffeur ,
de vive force & par la mort même ,
que malgré lui. L'Etat , qui arme fes
mains & anime fcn courage contre tel
ou tel Ennemi perturbateur , eft fupo-
fé avoir préalablement tout tenté pour
obliger cet ennemi à vivre en paix ,
ou du moins , à y laiffer vivre les autres.

Qu'un Homme de bien rencon-
tre dans un bois ou fur un grand chemin , des brigands qui le veulent tuer
avec fa Femme & fes Enfans ; il péche-
roit contre la charité , s'il ne leur ré-
fiftoit de tout fon pouvoir. Il aimeroit
mieux , fans doute , ne les avoir point
rencontrés ; il aimeroit mieux qu'ils ne
fuffent point brigands , & qu'ils vécuf-
fent paifibles , dans une profeffion innocente. Mais puifqu'ils font brigands ,
& qu'ils l'attaquent , il eft obligé à défendre fa femme & fes enfans , contre

ces affaffins , même aux dépens de leur vie. Leur crime , dit le judicieux Abbé Fleuri , les met en quelque façon hors de la Société du genre-humain , & les réduit à l'état des Bêtes farouches , que l'on repouffe par la force & que l'on détruit autant que l'on peut , de peur d'en être détruit.

C'eft donc fur les principes de l'équité & de l'humanité, de la juftice & de la bonté , qu'eft fondé l'ufage des loix pénales , & celui des juftes guerres, pour protéger la foibleffe des bons, contre la force & l'audace des méchans. Nous ne dirons pas avec Seneque , que la mort eft le plus grand bien qu'on puiffe procurer aux méchans; mais , fi la mort des méchans n'eft pas le plus grand bien pour eux , c'en eft du moins un pour les bons , qu'ils ceffent alors de tourmenter. Dans cette vue , il y auroit autant ou plus de cruauté à avoir de l'indulgence pour tout le monde, qu'à n'en avoir pour perfonne ; & il y a autant de bonté à punir les méchans, qu'il y auroit de cruauté à leur pardonner pour le malheur des bons, dont ils font le fléau.

Les Militaires, comme les Magistrats, doivent être animés, dans l'exercice de leurs fonctions & de leurs devoirs, du desir de rendre, autant qu'il dépend d'eux, à chacun ce qui lui apartient, selon ses mérites, bien aux bons & mal aux méchans; *Bona bonis, Mala malis.* Ils doivent être animés d'un esprit de zèle & de justice contre les uns; plus encore, d'un esprit de compassion & de bonté pour les autres. Ainsi, le principal but du digne Militaire, & sa derniére fin, n'est pas de donner la Mort à ceux-là; mais la Vie à ceux-ci. Dans les plus terribles expéditions, il est réputé vouloir, non pas perdre ceux qu'il tue; mais sauver ceux qu'il conserve; non pas perdre & tuer les méchans; mais sauver, faire vivre les bons. Ces dispositions, loin de répugner aux principes du militaire vertueux & chrétien, ou d'être contraires aux principes de la vertu & de la religion, y ſont parfaitement conformes, & en ſont le fruit.

Il eſt étonnant, dit le préſident de Monteſquieu, qu'on puiſſe imputer à Bayle d'avoir méconnu l'eſprit de ſa propre religion, au point de n'avoir pas ſçû diſtinguer les ordres pour l'établiſſement du chriſtianiſme d'avec le chriſtianiſme même; ni les préceptes de l'Evangile d'avec ſes conſeils. Il eſt impoſſible que les conſeils de la Religion, qui ſont auſſi ceux de la vertu, combattent leurs préceptes, & aboliſſent ainſi les premieres loix de la nature, les devoirs de la juſtice, ceux mêmes de l'humanité & de la charité, qui ſe trouvent éminemment réunis dans la Profeſſion Militaire, pour l'exercice d'une juſte guerre.

Qu'on faſſe attention à l'eſprit des paſſages mêmes dont on opoſe la lettre; on verra que les principes de vertu & de religion, puiſés dans l'Evangile & la Tradition , diſtinguant toujours avec ſoin l'abus d'avec l'uſage de la guerre & de la proféſſion militaire , proſcrivent & ab-horrent l'un auſſi poſitivement qu'ils autoriſent & conſacrent l'autré , comme celui même de la juſtice légale & civile, également attaqué par les mêmes objec-tions. Il faut même l'avouer , on peut ne pas trop voir la néceſſité de mettre à mort en juſtice réglée , des criminels , dont chacun peut être ſaiſi , contenu & puni vivant, de cent maniéres, par mille bras : il n'eſt perſonne qui ne ſente la néceſ-ſité où l'on ſe trouve de tuer à la guerre des ennemis armés , dont il ſeroit abſurde de vouloir ſaiſir & , de quel-que maniére que ce ſoit, contenir les lé-gions.

Si , ſelon les principes de vertu & de religion , le droit du glaive étoit proſ-crit , quel horrible débordement de cri-mes , & quel déluge de maux en réſulte-roient , puiſqu'aujourd'hui même , qu'il y a tant de divers Corps entretenus dans la ſociété pour y maintenir l'ordre, on a bien de la peine à y réuſſir, & à réprimer l'audace effrenée des uſurpateurs & autres brigands, tant étrangers que domeſtiques? Ajoutez que, ſi le chriſtianiſme réprouvoit le droit du glaive militaire, & condamnoit abſolument la guerre, les hommes vertueux & chrétiens qui ſuivroient le plus exactement ſes principes, ſeroient par-là même, inévitablement expoſés à être la proie des uſurpateurs, des brigands & des ſcélérats: ce qui répugneroit autant à la juſtice & à l'équité, qu'à la ſageſſe & à la bonté de Dieu.

Les objections qu'on prétend ici tirer de l'Ecriture, ne ſont pas moins dépourvues de fondement que le ſeroient celles dont on s'apuyeroit pour faire un crime aux Eccléſiaſtiques d'avoir, au milieu des beſoins eſſentiels de la vie, l'argent & les divers autres moyens néceſſaires pour y ſubvenir, d'après ces paroles du Seigneur aux

Apôtres & aux Diſciples : *Nolite poſſi-
dere aurum , neque argentum , neque pecu-
niam in zonis veſtris ; neque virgam tule-
ritis in viâ , neque peram , neque panem ,
&c.*

La perfection ne regarde pas l'univer-
ſalité des hommes ni des choſes. C'eſt
pourquoi elle n'a point été donnée en
précepte par Jeſus-Chriſt, mais ſeulement en conſeil : & comme les conſeils ſont faits pour peu de perſonnes,
en a mal raiſonné contre le Chriſtianiſme, en mettant ſes conſeils en opo-
ſition avec la ſociété, puiſque ce ſeroit
l'y mettre avec lui-même , & que ſes
propres conſeils ſe tournant contre lui
le détruiroient. Car enfin, s'il étoit nui-
ſible à la ſociété à force de perfection,
comment au milieu des ruines dont il
ſeroit cauſe, répareroit-il ſes pertes ?
L'homme a ſes droits comme le Chrétien ; ceux-ci n'anéantiſſent point ceux-
là : & ce ſeroit une choſe abſurde d'i-
maginer que le divin Légiſlateur des

Chrétiens, aportant du Ciel fa Religion fur la Terre, eût voulu qu'elle fût embraffée dans le monde par des hommes qui n'exifteroient point.

Effectivement, fi l'on confondoit les confeils du Chriftianifme avec fes préceptes, & la lettre avec l'efprit des uns & des autres, tout Chrétien feroit obligé de renoncer à tous les plaifirs, à tous les honneurs & à tous les biens du monde ; d'abandonner parens & amis pour vivre feul dans un defert, de fe vouer à un célibat ftérile, deftructeur de la fociété, & de contrarier prefqu'en tout la nature. Mais préfenter la Religion fous ces révoltantes couleurs, c'eft évidemment la déguifer, c'eft la défigurer.

Ainfi on voit dans l'Ecriture, à la lettre, ces autres confeils de perfection : » Ne réfiftez point à celui qui vous fait du mal ; mais fi quelqu'un vous donne un foufflet fur la joue droite, préfentez-lui de plus la gauche ». Quelques-uns con-

cluent de là que, selon l'Ecriture, il ne
faut repousser aucune injure, sans distinguer si on le fait par autorité particul-
l'ére ou par autorité publique.

Ce n'est point du tout l'esprit ni le
sens du passage ; puisque, selon la remarque de S. Augustin, le Sauveur du
Monde lui-même , & d'après lui l'A-
pôtre , outragés d'un soufflet, s'en font
plaints formellement, loin d'en provoquer un second.

Jesus-Christ donc dans les conseils
objectés , qu'il est ridicule de prendre à
la lettre , parle uniquement aux particuliers qui font insultés , & non pas au
Prince & aux Militaires , ses Ministres
& ses representans. Il ne parle pas non
plus de toutes fortes d'injures , mais feulement de celles qui font de la nature
d'un soufflet : les derniéres paroles ref-
treignent à cela les précédentes, quelques générales qu'elles paroissent d'a-
bord.

Il en est ici de même que dans ce

qui ſuit immédiatement. » Si quelqu'un veut vous intenter un procès pour avoir votre tunique , abandonnez-lui encore votre manteau ». Notre Seigneur par ces paroles ne défend pas abſolument d'avoir recours à la Juſtice , ou de prendre des arbitres pour terminer un différend ; mais ſeulement, ſelon S. Paul, il défend que les fidèles plaident les uns contre les autres , devant des Tribunaux payens. Telle étoit la façon de penſer des divers Membres de pluſieurs autres Sociétés , ſpécialement de celle des Juifs , parmi leſquels c'étoit une maxime de ne point communiquer aux Etrangers les ſecrets de la Nation , ſes querelles inteſtines ; & que celui qui laiſſoit prendre connoiſſance aux Gentils des affaires des Iſraélites , déshonoroit le nom de Dieu.

Le but de notre Seigneur Jeſus-Chriſt eſt donc d'exercer la patience des fidèles, en leur défendant de plaider pour des choſes aiſées à recouvrer , comme une tunique, ou le manteau avec la tunique, s'il arrive qu'on coure rifque d'en être dépouillé. Son intention eft qu'en pareil cas nous ne pourfuivions pas notre droit par les voies rigoureufes de la juftice ; mais qu'en matiére de chofes femblables, qui ne doivent pas nous incommoder effentiellement, nous foyons réfignés à céder piutôt au delà même de ce qu'on nous demande; & cela pour édifier le monde par l'exemple de notre patience & de notre modération.

Au jugement de Socrate, adopté par Platon dans fa République, »L'établiffement des Tribunaux & l'inftitution de la Magiftrature par le befoin d'une juftice d'emprunt, dégradent l'homme, font l'oprobre de la raifon & de l'humanité». Sans porter fi loin le rigorifme, ou, fi l'on veut, la fublimité de leur morale, la plûpart des autres Philofophes Payens ont auffi enfeigné qu'il eft indigne du Sage de plaider pour une somme d'argent, ou pour d'autres legers intérêts.

Il n'est aucun des Ministres même de la justice qui puisse blâmer dans un honnête particulier, l'aversion, l'éloignement des procès & de toute procédure. Mais on auroit tort d'en conclure qu'un pere, qu'un tuteur, qu'un Prince, le pere & le tuteur de ses sujets, ne puisse & ne doive pas, quand il y est contraint, avoir recours aux divers moyens possibles d'une défense naturelle, afin d'empêcher qu'on n'enleve ou qu'on ne retienne ce qui lui est absolument nécessaire pour l'entretien de ses enfans, de ses pupilles & de ses sujets. » Quiconque n'a pas soin des siens, dit S. Paul, est pire qu'un infidèle ». *Si quis autem suorum curam non habet, est infideli deterior.*

Le grand Apôtre, qui sans doute entendoit la loi de son divin Maitre, s'exprime ainsi, lors même qu'il exhorte les Fidèles de Corinthe à l'aumône & à l'é-

xercice de la charité envers les pauvres
de Jérusalem : » Non pas , dit-il , qu'il
faille vous mettre à l'étroit pour soula-
ger les autres ; mais qu'il y ait quelqu'é-
galité proportionnelle ; que votre abondance suplée à leur disette ; & qu'ils
trouvent leur nécessaire dans votre su-
perflu ». *Non ut aliis sit remissio vobis autem tribulatio ; sed vestra abundantia illo-
rum inopiam suppleat* , &c. Il suffiroit
véritablement d'observer cette regle ,
pour qu'il n'y eût bientôt plus aucun
pauvre dans la société.

Il pourroit sans doute être louable
dans des particuliers de souffrir , sans en
demander aucune satisfaction, les plus
atroces injures , les pertes les plus sensibles ; mais dans les particuliers mêmes,
le Sauveur se contente d'un moindre dé-
gré de patience. C'est par cette raison
qu'il donne pour exemple l'injure du vol
d'un vêtement , & celle d'un soufflet ,
qui ne mettent en danger ni notre vie,
ni aucun des membres de notre Corps,

& qui emportent feulement quelqu'in-commodité paffagére d'une part, & de l'autre quelque mépris arbitraire, qui ne diminue abfolument rien de notre mérite réel.

Tel eft l'efprit de l'Evangile, qui, recommandant la patience, prévient l'objection vulgaire, qu'en fouffrant patiemment une injure, on s'en attire une autre. Il veut que, plutôt que de repouffer violemment une injure, dont le mal ne confifte que dans une fauffe imagination, on s'expofe à en recevoir une feconde, fans plus de conféquence. Tel eft, remarquent les interprétes, le fens de cette expreffion métaphorique & proverbiale : préfenter la face ou la joue, dans la langue fainte, comme dans la langue latine où l'on trouve chez les meilleurs Auteurs ces façons de parler, *Os præbere, os offerre contumeliæ feu ad contumeliam.*

Des Sages du Paganifme ont obfervé fur le tort réel & le tort arbitraire, tels

que l'injure & l'affront , felon le fens original, *Injuria & Contumelia*, que ce fecond
tort dont on fait le plus de bruit , eft
effectivement le moindre. »Il offenfe,
dit Seneque, mais il ne fait aucun mal.
Si bien des gens y font plus fenfibles ,
& ont plus de peine à le digérer, c'eft
un effet de leur vanité & de leur foibleffe, Les loix mêmes , ajoute-t'il , ont
regardé ce fecond tort comme quelque
chofe de fi frivole , qu'elles n'ont pas
même jugé qu'il méritât d'être puni».
Quam leges nullâ dignam vindictâ puta-
verunt.

Auffi , pour ne parler point des Philofophes qui ont agi conformément à
cette faine morale, le grand Conftan-
tin, follicité à fignaler fa vengeance,
en exterminant le peuple d'une ville ,
qui , dans un tranfport féditieux, avoit
brifé fes ftatues , n'en fit rien. Cet Empereur tout puiffant fe contenta de répondre, en foûriant , qu'il ne fe fentoit bleffé nulle part. Et Thémiftocle ,

ce Héros de l'ancienne Gréce , inſulté, la canne haute , en plein conſeil de guerre , ne crut pas que cet affront dût le diſtraire du bien public ; & il continua d'opiner , après avoir ſeulement dit au furieux qui vouloit l'empécher de pourſuivre un avis ſalutaire , opoſé au ſien : *Frape ſi tu veux , mais Ecoute.*

Dieu , dès l'ancienne Loi , s'étoit réſervé la vengeance , & il avoit commandé aux Iſraélites d'aimer & d'obliger , dans l'occaſion , juſqu'à leurs ennemis. Il n'en avoit pas moins établi dèslors le droit du glaive & les loix de la guerre. La Loi de juſtice & de charité qui commandoit aux Hébreux d'aimer ſpécialement , ſous le nom de prochain , tous ceux de la Nation , n'empécha pas que les onze Tribus n'entrepriſſent légitimement une guerre ſanglante contre la Tribu de Benjamin , à cauſe de l'horrible infamie dont elle s'étoit rendue opiniâtrément complice. La méme Loi qui nous ordonne d'aimer , ſous ce nom de prochain , tous les hommes , que nous devons préſumer diſpoſés à nous obliger au beſoin , n'empêche pas plus maintenant que le Prince & ſes Miniſtres ne ſoient obligés par la même loi de juſtice & de charité , d'uſer du glaive qui leur eſt confié en faveur des bons contre les méchants , leurs perſécuteurs ; & ſpécialement ſans doute contre des Ennemis armés qui font profeſſion d'être , ſelon leur pouvoir , autant d'homicides & de deſtructeurs , fléaux mortels de la ſociété , & du genre-humain.

Quand l'Evangile nous ordonne d'aimer nos ennemis , c'eſt à-dire de ſouhaiter leur converſion , de leur vouloir & faire dans l'occaſion tout le bien dont ils ſont ſuſceptibles , il ſe ſert de l'exemple de Dieu qui fait tomber ſa roſée & lever ſon ſoleil auſſi-bien ſur les méchans que ſur les bons. Or , Dieu punit , dès cette vie même , quelques méchans ; il les punira tous ſévérement un jour.

Vous ne tuerez point, dit le Décalogue : que suit-il de-là, demande Rousseau, perdant de vue le paradoxe qu'il soutient ailleurs & que nous combattons ici ? Si ce commandement doit être pris à la lettre, Moïse, qui se crut obligé de faire mourir tant de criminels & d'ennemis, entendoit fort mal son propre précepte. Il ne faudroit tuer ni les malfaiteurs ni les ennemis ; ce qui, conclut Rousseau, est absurde. La conservation de l'ennemi étant incompatible avec celle de l'Etat, il faut qu'un des deux périsse, dit encore Rousseau ; & quand on fait mourir un coupable, c'est moins comme Citoyen, que comme Ennemi.

Rien de plus formel que la maniére dont le droit du glaive civil & militaire est établi dans les livres sacrés, où d'ailleurs l'homicide est si expressément défendu. » Vous n'aurez point pitié de l'homme injuste & cruel qui aura répandu le sang innocent, dit la Loi, & vous l'exterminerez d'Israël, afin que vous viviez heureux ». Dieu fait divers commandemens auſſi poſitifs de faire la guerre , quelquefois même à outrance , à feu & à ſang. » Choiſiſſez des hommes de cœur , & allez combattre Amalec : marchez contre ces nations ; quoiqu'elles ſemblent plus fortes que vous , Dieu les a livrées entre vos mains, afin que vous les exterminiez de deſſus la terre , & vous n'en aurez aucune pitié ». L'Ecriture nous indique ailleurs les motifs d'un ordre ſi rigoureux. Ces Nations ou provinces étoient , depuis des ſiécles , dit le Sage , d'une corruption effroyable & incorrigible.

C'eſt un Cantique de l'ancienne loi , autant ou plus répété dans la loi nouvelle , que celui du ſaint roi David :
Benedictus Deus qui docet manus meas ad prælium , & digitos meos ad bellum ; c'eſt-à-dire,

> Beni ſoit le Dieu des armées
> Qui donne la force à mon bras,
> Et par qui mes mains ſont formées
> Dans l'art pénible des combats.

Dieu, dit Boſſuet, s'apelle ainſi or-
dinairement lui-même, le Seigneur, le
Dieu des armées : il les ſanctifie en prenant ce nom ; & avec les conditions re-
quiſes, la Guerre eſt non-ſeulement légitime, mais encore pieuſe & ſainte.

Le nouveau teſtament n'a aboli l'ancien qu'à l'égard des choſes qui ſervoient
à diſtinguer les Hébreux d'avec les
Gentils, c'eſt-à-dire, à l'égard des céré-
monies légales. Pour les choſes néceſſaires & honnêtes par le droit de la nature & par l'unanime accord des peuples civiliſés, c'eſt à-dire, pour les choſes qui forment ou concernent la morale
dont Jeſus-Chriſt n'a point dû parler
dans l'ordre de ſa miſſion, il déclare
poſitivement qu'il n'eſt point venu abolir la loi, mais l'accomplir : *Non veni
ſolvere legem, ſed adimplere.*

L'uſage des peines décernées contre
les criminels, & celui des armes contre
les ennemis déclarés, ainſi que toutes les
choſes honnêtes & néceſſaires dont Je-

fus-Chrift n'a pas dû parler dans l'ordre de fa miffion, loin d'être aboli par le nouveau Teftament, s'y trouve au contraire établi & recommandé fpécialement par ces belles paroles de l'Apôtre : » Que tout ce qui eft vrai, jufte, honnête & vertueux ; que tout ce qui vous peut rendre dignes d'eftime, de louange & d'honneur, foit l'objet de vos penfées & le but de vos actions ». *Quæcumque vera, jufta, amabilia, quæcumque bonæ famæ, fi quâ virtus, fi quâ laus difciplinæ, hæc cogitate.*

En effet, fi Jefus-Chrift eût voulu abolir le droit du glaive, & faire ainfi un réglement nouveau, dont on n'auroit jamais entendu parler, il auroit dû fans doute déclarer, en termes très-clairs & très-exprès, que perfonne n'eût à s'en fervir contre aucun coupable, ni à porter les armes pour la défenfe des Citoyens & de la Patrie. Or, c'eft ce dont il ne paroît ombre nulle part.

Quelques-uns ont cru voir dans les paroles du Sauveur à Saint Pierre tombant l'épée à la main fur Malchus, l'obligation de porter la patience jufqu'à fe laiffer tuer, plutôt que de tuer un injufte agreffeur. Mais cela ne regarde proprement que l'ufage des armes de particulier à particulier, & non pas la guerre en général. En vous y laiffant priver de la vie, vous expofez celle de plufieursautres, & vous devenez en quelque façon homicide de tous ceux qui font tués avec & après vous, & que vous auriez pû défendre. *Vitam multis negas, ipfe fi tibi neges.* D'ailleurs, notre Seigneur lui-même prévient du deffein qu'il avoit formé de ne pas fe défendre, & d'empêcher que d'autres ne priffent en main fa défenfe. Il motive fon deffein, en difant que fon régne n'eft pas de ce monde : *Regnum meum non eft de hoc mundo.*

L'ordre pofitif donné à S. Pierre de ne pas fe fervir de fon épée, ne regarde donc point le cas dont il eft queftion,

c'eſt-à-dire , la guerre & la juſte défenſe de ſoi ou des autres. L'Apôtre n'a-
voit pas beſoin de ſe défendre. Jeſus-
Chriſt avoit dit à ceux qui venoient
pour le prendre : Laiſſez aller ceux-ci,
Sinite illos abire. Il n'étoit pas non plus
néceſſaire de défendre notre Seigneur;
il vouloit ſe laiſſer prendre. Lui-même
dit pour raiſon de l'ordre qu'il donne
à S. Pierre, de remettre ſon épée dans
le foureau : » Ne boirois-je pas le Calice
que mon Pere me préſente ? Et comment ſeroient accomplies les Ecritures
qui ont prédit que tout ceci arriveroit » ?
*Calicem quem dedit mihi Pater non bibam
illum ? Quomodo ergo implebuntur ſcrip-
turæ ?*

Il eſt donc clair , qu'ainſi entendues ,
même de particulier à particulier, cette
douceur extrême & cette exceſſive patience ne ſçauroient être que l'inſpiration ou
le conſeil d'une perfection extraordinaire, au-deſſus de l'ordre naturel & raiſonnable que la Religion ne détruit point, &
ſelon

ſelon lequel on peut définir avec Cicéron, l'homme de bien & le parfait honnête homme : Celui qui fait à tous tout
le bien qu'il peut , & qui ne fait de
mal à perſonne, hors la néceſſité d'une
juſte défenſe : *Vir probus , qui prodeſt
cum poteſt , nemini nocet niſi laceſſitus in-
juriâ.*

Il y a beaucoup d'aparence , diſent
les interprétes , que les Apôtres por-
toient l'épée , au moins en voyage ,
de l'aveu de notre Seigneur , ſelon la
coutume des Eſſeniens mêmes, gens
d'ailleurs les plus doux & les plus pacifiques du monde. Or, pourquoi ſeroit-
il permis de porter l'épée, s'il n'étoit pas
permis de s'en ſervir au beſoin , même contre ſes mortels ennemis ? Condamner de juſtes Guerres, parce qu'on
y fait mourir un peu plutôt des méchans, pour faire vivre plus long-tems
en paix les bons, qu'ils continueroient
d'opprimer, C'eſt être lâche & non pas
religieux , dit S. Auguſtin : *Hoc repre-*

hendere , timidorum eft , non religiofo-
rum.

On a rafiné ici jufqu'à objecter que
le droit de préférer fon propre avantage à celui du prochain , n'a pas lieu
en matiére de biens inégaux ; & qu'ainfi
on doit plutôt facrifier fa vie, que d'expofer l'aggreffeur à être damné éternellement. Mais, celui qui eft attaqué,
n'a-t'il pas trop fouvent befoin lui-mé-
me de quelque-tems pour fe repentir ,
quand il peut d'autre côté refter à l'aggreffeur l'inftant de fe repentir avant
d'expirer ? A en juger moralement, on
ne doit avoir aucun égard à un danger
où quelqu'un s'eft jetté volontairement,
& dont il peut fe tirer quand il voudra. D'ailleurs, il n'eft nullement certain que celui par qui on fe laifferoit
tuer , pour ne pas l'expofer , en fe défendant , au péril de la damnation éternelle , foit pour cela à l'abri de ce danger. Il peut arriver même qu'il ne fera
que devenir plus méchant, & que nuire

de plus en plus à la société. Après tout, on ne fait qu'user du droit naturel qu'on a de travailler à sa propre conservation, droit auquel on ne peut manquer, disent des Théologiens, sans manquer à Dieu autant qu'à soi-même, selon la maxime : *Sibi quisque à Deo committus est.*

Ajoutons encore que, si la charité s'oposoit à ce qu'on fît mourir ceux qu'on sçauroit être en état de péché & de damnation éternelle, il s'ensuivroit que les Magistrats mêmes ne pourroient condamner à mort des scélérats qui feroient voir par leurs paroles & par leurs actions, qu'ils n'ont pas les dispositions nécessaires pour bien mourir. Ces misérables n'auroient qu'à proférer des blasphêmes & des impiétés, pour se metre à couvert du châtiment qu'ils ont mérité ; ce qui est d'une absurdité palpable, & semble moins , selon la pensée de S. Augustin, le vrai motif d'un homme vertueux & chrétien, que le vain prétexte d'un homme timide & lâche.

Avant la diſtinction moderne des chapitres du nouveau Teſtament, attribuée au Dominicain Hugues de S. Cher, on liſoit au même chapitre de S. Paul, & immédiatement après les conſeils de perfection évangélique touchant la patience & la douceur, ces préceptes de ſubordination politique, où l'Apôtre enſeigne que les puiſſances établies par l'autorité publique, ſont les Miniſtres de Dieu, armés de ſon glaive, pour être les inſtrumens de ſa juſtice & de ſa colére contre les méchans. L'Apôtre par ces paroles diſtingue très-clairement la vengeance publique qui s'exerce de la part de Dieu pour le bien général, & qui doit être raportée à celle que Dieu s'eſt réſervée, d'avec la vengeance particuliére qui n'a pour but que de ſatisfaire le reſſentiment de l'offenſé, & qui eſt celle que l'Apôtre avoit défendue un peu auparavant par ces paroles, *Non vos defendentes*, ou plutôt ſelon le terme original, *Non vos vindicantes.* Car, si on renfermoit dans cette défense la vengeance même qui se fait pour le bien public & contre les ennemis , qu'y auroit-il de plus absurde , que de dire qu'il faut bien se garder de mettre à mort les criminels ; & d'ajouter immédiatement après , que La puissance souveraine est établie & armée du glaive , au nom & de la part de Dieu , contre ceux qui font mal ? *Non enim sine causâ gladium portat , Dei minister est , vindex in iram ei qui malum agit.*

La conduite de S. Paul s'accorde avec sa doctrine. Ayant apris que les Juifs lui dressoient des embuches , il en avertit d'abord le Commandant de la Garnison Romaine ; & celui-ci ayant envoyé une forte escorte de soldats pour le conduire à Cœsarée , il ne s'y oposa point ; il ne dit rien ni au Commandant ni aux soldats qui pût leur donner à entendre que Dieu défendît ou n'aprouvât point qu'on repoussât la force par la force. Tel étoit pourtant le caractére du S. Apôtre, qu'il ne laiſſoit paſſer aucune occaſion d'inſtruire les hommes de leurs devoirs, & il vouloit que chacun en fit de même.

Dans l'hiſtoire de la converſion du Pro Conſul Sergius par cet Apôtre, il n'y a pas la moindre choſe qui donne lieu de croire que le Pro-Conſul ait quitté le commandement des armes, attaché à ſa dignité, ou qu'il ait été ſeulement exhorté à s'en démettre. Or, le ſilence, en matiére de choſes dont on a eu occaſion de parler, & qu'on jugeoit très-néceſſaire de ne pas omettre, emporte viſiblement qu'elles n'ont jamais été. Il en eſt ainſi du Centenier Corneille, inſtruit & baptiſé miraculeuſement par S. Pierre; & de cet autre Centurion de l'Evangile dont Jeſus-Chriſt même fait l'éloge, & dont il guérit miraculeuſement le ſerviteur. Et il en eſt de même de cet autre également noble, juſte & bon, qui, s'élévant au-deffus des préjugés & de la clameur de tout Jérufalem alors fou-levé par les prêtres & les gens de loi contre Jefus crucifié , fut hardiment demander à Pilate le corps fupplicié de ce divin Sauveur ; qu'il fit embau-mer & dépofer , aux yeux de tous , dans fon propre fépulchre. Ces Proféli-tes étoient Officiers , bons Militaires ; & c'eft dans cet état même que l'Ef-prit Saint nous vante leurs vertus, qu'il fait en leur faveur des miracles , & nous les propofe pour modèles : *Amen dico vobis , non inveni tantam fidem in Ifrael.*

Il eft certain que ce qui fe raporte au but propre & direct d'une chofe jufte & obligatoire , ne peut qu'être jufte & obligatoire. Or , il eft jufte & obligatoire de payer les tributs & les impôts. Selon la doctrine de faint Paul , qui eft celle de l'Evangile , on eft éga-lement tenu d'obéir aux puiffances , & d'acquitter les charges diverfes qu'ils impofent , *Tributum cui tributum ,*

vectigal cui vectigal : on y est obligé,
non pas seulement à cause des inconvéniens du refus & par la crainte des
peines & des châtimens, mais par devoir & en conscience : *Non solum propter
iram, sed etiam propter conscientiam.* De-
là la maxime de saint Augustin, que la
Fraude, pour être faite aux droits du
Seigneur & du Prince, n'en est pas
moins fraude & moins condamnable :
*Neque enim fraus quia fisco fit, idcirco
non est fraus.*

Mais, quel est le but de ces sortes de
charges, imposées aux sujets ? N'est-ce
pas spécialement que les Puissances
ayent de quoi fournir aux dépenses nécessaires pour défendre les bons & les
innocens contre l'attaque & l'effort des
autres ? On ne sçauroit, dans un état,
ni maintenir les peuples en paix & en
repos, sans le secours des armes ; ni
tenir des troupes sur pied, sans avoir
de quoi les entretenir ; ni avoir de quoi
les entretenir sans tributs ou impôts.

Cette obfervation de Tacite eft auffi celle de faint Auguftin : *Ad hoc tributa præftamus ut propter bella neceffario militi ftipendium præbeatur.*

En conféquence de cette faine doctrine de l'Apôtre , » l'état Militaire ou de Chevalerie, dit, dans le François de fon tems, le Chancelier Gerfon, doit être content de fes gaiges, fans faire grevance aux autres états; c'eft la doctrine de faint Jean : font en erreur ceux qui dient que les gens d'armes peuvent prendre vivres & autres chofes fans reftituer. Contre ceci eft , que chacun membre doit être content de fa nouriffon, fans ufurper ou attraire violentement la nouriffon de l'autre membre... Mais auffi l'état militaire ou de chevalerie, qui eft la poitrine & le bras de l'Etat , doit avoir loyer & gaiges publiques pour défendre le Roi & tout fon royaulme par vigueur, force & ftrénuité ». Quel Militaire en effet, dit expreffément Saint Paul , n'a pas droit d'attendre au moins fa fubfiftance de ceux pour le falut defquels il expofe fa vie ? *Quis militat fuis ftipendiis unquam?*

L'Evangile nous aprend fpécialement par la parabole du fecourable Samaritain, que nul homme ne devroit être étranger à un autre homme, fût-il d'une fecte ou d'une nation autant haïe de la nôtre que les Samaritains l'étoient chez les Juifs. Dans l'ancienne loi même, Dieu défend les haines & les averfions nationales : » N'ayez point en exécration l'Iduméen ni l'Egyptien, » &c. L'amour du genre-humain, cette charité univerfelle qui fut le plus fublime degré de la fpéculation des Sages de l'antiquité payenne, eft le premier des devoirs pratiques de la religion. C'eft un intérêt propre & perfonnel à l'homme vertueux & chrétien, que celui qui s'étend fur l'humanité entiére, felon la maxime devenue proverbe : *Homo fum, humani nihil à me alienum puto,* c. a. d. Je fuis homme , & ne me crois étranger à rien de ce qui intéreſſe les hommes.

Mais l'un des caractéres eſſentiels de la bienfaiſance raiſonnable & de la charité chrétienne , eſt le diſcernement qui en doit régler l'uſage à divers degrés , ſelon l'Apôtre : *Charitas veſtra abundet in omni ſenſu & ſcientiâ.* L'obligation d'aimer quelqu'un en particulier & de procurer ſon avantage , ſe doit toujours entendre avec la clauſe , qu'il ne ſoit pas quelques raiſons d'un amour plus fort & plus juſte qui en empéche , comme par exemple , l'amour de pluſieurs autres , dont la vie de celui-ci deviendroit la mort.

Quoique nous ayons pour tous les hommes la même meſure de charité , qui eſt de les aimer comme nous-mêmes , nous ne ſommes pas aſſez heureux pour pouvoir leur en faire ſentir à tous les mêmes effets , & pour faire du bien également à tout le monde. Il y a donc un ordre dans la pratique de la charité

qui nous oblige à préférer ceux que la
Providence nous a unis de plus près.
Vous devez assister votre femme, vos
enfans, vos amis, vos voisins, plutôt
que des inconnus. Vous devez conserver votre pays aux dépens des étrangers
qui veulent y entrer par force, & défendre, au péril de votre vie, l'autorité
du Prince sous lequel Dieu vous a fait
naître. Le Sauveur lui-même nous en-
seigne que la plus grande charité est
celle qui nous porte à exposer notre
vie pour nos amis; par conséquent,
dit l'Abbé Fleury, pour nos parens,
nos amis, nos concitoyens, pour notre Patrie.

Selon les loix d'une charité bien or-
donnée, on doit aimer plus les uns,
& les autres moins. Nous devons aimer
le prochain comme nous-mêmes : nous
ne devons donc pas nous haïr. L'amour
de soi, qu'il ne faut pas confondre avec
l'amour-propre, doit, dans l'ordre, aller au moins de pair avec l'amour d'au-

trui, ſelon l'axiôme, *Primo ſibi, proxi-*
mus ego met mihi. De-là, cette réponſe.
d'un grand Pape à un Prince qu'il auroit voulu obliger, mais qui lui de-
mandoit quelque choſe d'injuſte : » Si
j'avois deux ames, j'en riſquerois une
pour vous ſatisfaire ; mais n'en ayant
qu'une, il ſeroit inſenſé de la perdre
pour vous complaire ».

Il ne peut y avoir ici de difficulté
que ſur le diſcernement des vrais intérêts de ſoi-même & d'autrui. Selon ces
loix d'une charité bien réglée, on doit
donc plus aimer & ſervir, diſent les
Peres, ſes parens & ſes amis, que des
étrangers & des inconnus ; on doit plutôt aimer & ſervir des innocens que des
coupables ; on doit aimer & ſervir des
perſonnes eſtimables & honnêtes, plutôt & plus que de malhonnêtes gens :
le bien de tout un peuple doit être
auſſi préféré, ſans difficulté, à celui de
quelques particuliers, ſur-tout ſi ce peuple eſt le nôtre, & nous eſt comme in-

corporé par l'union nationale & patriotique. Les sages Payens même ont enseigné admirablement cette doctrine,
quoiqu'ils fussent hors d'état d'en assi-
gner les vrais motifs & les justes raisons.

La premiére sorte de liaison qui se
présente, dit Ciceron, lorsque de la société générale du genre-humain détruite par les passions, on descend au
particulier, c'est celle d'entre les gens
d'un même pays, qui, fils, freres, parens, amis, voisins & alliés, ne font
qu'un peuple qui parle le même langage. Ces conformités forment en effet entre les hommes une société particuliére qui les porte à se communiquer plus particuliérement leurs pensées, à s'instruire réciproquement, à
s'entr'aider, se consoler, s'encourager,
se défendre, & se soutenir.

Nous devons tous, dit ailleurs Ciceron, mettre chacun du nôtre dans le
fond de l'utilité commune, par un commerce réciproque & perpétuel d'offi-

ces & de fervices , & employer, pour
ferrer de plus en plus les nœuds de la
fociété, nos foins, notre induftrie , nos
biens mêmes , & , s'il le faut , jufqu'à
notre vie.

Il y a , dit encore Ciceron, deux fortes d'injuftices , l'une de faire injure à
quelqu'un , & l'autre de ne pas empêcher , quand on le peut , celle qu'on
voit qu'un homme va faire à un autre.
A bien confidérer jufqu'où vont les droits
de la fociété humaine, attaquer qui que
ce foit par un mouvement de colére ou
de quelqu'autre paffion , c'eft comme
qui fauteroit à la gorge de fon ami , &
ne pas défendre quelqu'homme que ce
foit d'une injure qu'on voit qu'un autre
va lui faire ; c'eft une trahifon , c'eft
une perfidie : à plus forte raifon, lorfque l'homme oprimé eft un conci-
toyen , ami , parent ou allié, en un
mot , un compatriote.

Quelle excellente & admirable doctrine , fi elle avoit le fondement qui

manque à toute autre que celle de la
vertu & de la religion, c'eft-à-dire , la
raifon fuffifante de ces facrifices , la jufte
réponfe au Pourquoi ? *Cui bono ?*

Auffi lorfque des Guerriers vinrent
confulter Jean-Baptifte fur le genre de
vie qu'ils devoient embraffer , s'en ra-
portant à lui de la conduite qu'ils devoient tenir pour faire leur falut , ce
faint précurfeur , chargé fpécialement
dé rendre droits les fentiers & de montrer à tous les voyes de la vertu & de
la perfection , *parare plebem perfectam ,*
eft loin de leur prefcrire ou de leur in-
finuer la défertion & le changement de
leur état. Il les confirme au contraire
dans leur profeffion , & il leur recommande feulement , comme à tous les
autres , d'en éviter les inconvéniens pour
s'y fanctifier , en vivant fatisfaits de
leur folde ou de leurs apointémens, fans
fraper ni vexer les peuples qu'ils doivent défendre ; c'eft ce qu'obferve S.
Auguftin, *Contra fauft. l. 22.*

Ce que l'on doit blâmer dans les guerres , dit-il , c'eſt le deſſein de nuire , la
cruauté, la vengeance , la rebellion ,
l'ambition , & les autres divers motifs de
guerres injuſtes. C'eſt pour s'opoſer aux
ravages de ces paſſions déréglées , &
pour les punir , que les gens de bien,
font la guerre , ſous. l'ordre de Dieu,
même , intimé par une autorité légitime , lorſqu'il eſt à propos que de pareils ordres ſoient donnés & exécutés.
Si Cela n'étoit pas vrai , continue le
ſaint Docteur , S. Jean-Baptiſte auroit
dit naturellement aux gens de guerre qui
venoient lui demander le baptême &
des avis de ſalut , il leur auroit dit : Quit-
tez les armes , renoncez à votre profeſſion , ne frapez , ne bleſſez, ne tuez qui,
que ce ſoit.

Mais S. Jean ſçavoit qu'en faiſant la
guerre , loin d'être homicides ou ven-
geurs de leurs propres injures, ils étoient
les défenſeurs de l'innocence opprimée , & les protecteurs de la ſûreté pu-

blique. C'eſt pourquoi il leur répondit :
vivant tous en temps de paix au milieu de
vos amis , de vos compatriotes , ne faites aucune injuſte violence, aucun tort
à perſonne , & contentez-vous de votre
paye ou de vos apointemens : *Neminem
concutiatis neque calumniam faciatis , &
contenti eſtote ſtipendiis veſtris.* C'eſt par
la même raiſon, pourſuit S. Auguſtin ,
que le Centenier de l'Evangile inſtrui-
ſant le Sauveur de ſa profeſſion , en lui
diſant : je ſuis un Officier chargé du
commandement d'un nombre de ſoldats
ſubordonnés, &c. Jeſus-Chriſt , loin de
l'en condamner , blâmer ou détourner ,
loue ſa vertu, & le renvoye à l'exercice
de ſa profeſſion militaire.

En effet , dit dans les principes de
S. Auguſtin l'Abbé Duguet, le Prince
qui ſouffre le fléau d'une injuſte guerre,
lorſqu'il peut la repouſſer , manque
non-ſeulement de cœur & de prudence, mais auſſi de charité & de juſtice.
La religion toute portée qu'elle eſt

à la clémence & à la douceur , non-
ſeulement n'eſt pas contraire à ce devoir d'une défenſe naturelle & publique , mais elle y ajoute encore une nouvelle obligation , par le reſpect dû à la
loi de Dieu qui charge le Prince & les
militaires du ſecours & de la protection
de tous les peuples & habitans du pays
dont il leur confie la garde , & qui leur
demandera compte de la liberté des
biens , de la vie & de l'honneur de tous.

Ainſi , les armées qui ſervent de barriére à l'Etat , & qui combattent pour
ſa ſûreté , tiennent lieu des loix divin
& humaines que l'ennemi a bravées. Le
Militaire en eſt le défenſeur , auſſi-bien
que le miniſtre ; & bien loin de le regarder comme homicide , on doit le
reſpecter , comme animé d'un généreux
zèle contre l'injuſtice , la violence , &
comme la victime ſalutaire de la paix ,
de la ſûreté & de la félicité publique.

Uſez , n'abuſez pas : tel eſt ici , comme en toutes les choſes néceſſaires dans

la vie, l'éternel esprit de l'évangile ; qui eſt celui de l'égliſe. On a ſur ce point le témoignage de ſes principaux Peres & Docteurs, & des Conciles mê-me généraux.

Tertulien fait les plus fortes réflexions contre l'abus & les dangers, vraiment déplorables de la guerre, comme de tant d'autres états où cet abus eſt d'au-tant plus pernicieux que l'uſage en eſt plus excellent, ſelon l'axiôme, *Optimi corruptio peſſima*. Mais là même, il con-ſent que les chrétiens militaires ou qui ſont au ſervice, y reſtent & gardent leur profeſſion, comme ces deux cen-teniers loués dans l'écriture, pourvû, bien entendu, qu'ils ayent le même ſoin d'en éviter les inconvéniens. Vous dites, écrit-il ailleurs contre les anciens adverſaires du Chriſtianiſme, que nous ſommes des gens inutiles au monde ? Mais nous voyageons, nous trafiquons & nous commerçons avec vous, nous vivons abſolument comme vous autres dans tout ce qui concerne la société; nous portons même avec vous les armes, nous rempliſſons vos camps & vos armées. L'empire n'avoit point de meilleurs ſoldats que les chrétiens, obſerve Boſſuet; ils obtinrent quelques fois la victoire par leurs priéres, mais ils combattirent toujours vaillamment.

Que ſi quelques fidèles, dans les premiers ſiécles de l'égliſe, ont paru fuir & condamner la guerre & la profeſſion des armes, ç'a été par le zèle indiſcret d'une piété aveugle, aux termes de Tertulien, *Charitas ſine ratione non eſt Charitas;* ou plutôt, ç'a été à cauſe des circonſtances du tems qui ne permettoient guéres de porter les armes ſans apoſtaſier & idolatrer. Ils adoptoient à cet égard les ſentimens & ils imitoient la conduite des Juifs, qui, au raport de Joſeph, faiſoient conſcience, même d'entrer au ſervice des Princes étrangers, à moins qu'on ne leur aſſurât, par une ſtipulation préalable, le privilége de

perſiſter inviolablement dans la profeſſion & l'obſervation publiques des loix
de leur religion.

Cette précaution étoit d'autant plus
naturelle dans ces premiers ſiécles, que
les chrétiens qui alloient à la guerre,
y étoient expoſés à cet égard aux plus
grands dangers, du tems même de Ter-
tullien, où ils ſe trouvoient dans le cas
de certifier leur attachement au Prince,
& leur dévouement au ſalut de l'Etat,
en jurant, par la divinité d'un Jupiter,
d'un Mars, d'un Mercure & autres folles Divinités du Paganiſme. Ce ne fut
que ſous Conſtantin qu'on ſubſtitua aux
noms & à l'image des faux Dieux, le
chiffre de Jeſus-Chriſt & l'image de
l'Empereur. Licinius, comme nous l'a-
prennent Euſebe & Sulpice Sévere,
caſſoit les gens de guerre, s'ils refu-
ſoient de ſacrifier à ſes Dieux. Ce fut
pour ſe ſouſtraire au riſque de cette
contrainte, renouvellée ſous l'Empereur Julien, que pluſieurs Militaires il-

luſtres , notamment Valentinien depuis Empereur , quittérent le ſervice où
ils crurent ne pouvoir reſter ſans ſe
parjurer ou apoſtaſier.

Saint Clément d'Alexandrie , parlant ,
dans ſes Stromates , de l'extérieur du
chrétien , dit qu'il ne lui meſſied pas
d'avoir certain air grave, & de prati-
quer quelques auſtérités familiéres aux
philoſophes de ſon tems , comme d'aller les pieds nuds, &c. , à moins, ajoute
ce ſaint Docteur , qu'il ne ſoit homme
de guerre , devant en ce cas garder l'u-
niforme. S. Ambroiſe , incapable de
déguiſer ſes ſentimens ſous le grand
Theodoſe , dit formellement que ce
n'eſt pas un mal de faire la guerre ,
mais ſeulement de la faire ſans juſte
raiſon, & comme des brigands, en vue
du butin. Et ailleurs , la valeur militaire n'a , dit-il , rien que de juſte &
d'équitable, lorſqu'elle tend à défendre
la patrie attaquée , ou au-dehors par les
étrangers , ou au-dedans par de mau-

vais citoyens ; & qu'elle eft fidèle à
fa profeffion, qui eft de protéger la
foibleffe des bons, contre la violence
des autres.

Soyez contens de votre folde, & ne
vous prévalez point de l'avantage de vos
forces pour outrager, dans fes biens ou
dans fa perfonne, aucun de ceux dont
vous faites profeffion d'être les défenfeurs. Voilà, dit aux guerriers, Saint
Grégoire de Nazianze, tout ce qu'exige
de vous, avec moi Jean-Baptifte, ce
digne précurfeur du Verbe incarné pour
notre falut.

Nos Peres, dit S. Bazile le Grand,
n'ont point qualifié d'homicide l'action
de tuer à la guerre : Ils ont craint de
paroître condamner par cette dénomi-
nation les dignes Miniftres d'une guerre
jufte, qui n'ôtent la vie, même à des
méchans, que parce qu'ils y font for-
cés pour la confervation de l'innocence
& de la vertu. Les exploits guerriers de
l'ancienne Loi, dit encore ce Pere, eurent

rent la plûpart pour auteur, Dieu même, qui les inspira & les dirigea.

Bayle voulant bien supposer que des hommes vertueux & chrétiens, nécessités à la guerre, pourront enfin s'y résoudre, se retranche à dire qu'ils seront incapables de la bien faire. Ils auront, dit-il, la conscience toute pleine de scrupules sur la justice ou l'injustice des expéditions, voulant à tout moment consulter sur ce sujet un Casuiste ; & ils perdront ainsi ridiculement à consulter & délibérer le tems d'agir & d'exécuter. Il confirme cette assertion par ces paroles d'un Général à un Officier : » Etes-vous de ces gens qui craignent tant la Justice ? Je vous casse ».

Mais on observera d'abord que rien n'est plus captieux & plus faux que cette aplication de la maxime dont Bayle apuye son argument. Il ne s'agit point du tout ici de la Justice en tant qu'elle est une vertu ou une qualité morale, & la régle de nos actions; il s'agit seu-

E

lement des Ministres & Officiers de
justice ou de judicature, indifférem-
ment apellés Gens de loi, de justice,
de robe , de plume & de palais , dont
la collection fe nomme quelquefois
vulgairement , comme en cet endroit ,
la Justice , la Robe , le Palais. Voici le
vrai fens de la maxime, felon fon auteur.

L'ancien Maréchal de Biron étoit con-
damné , avec fon armée & tout ce qu'il
y avoit de françois fidèles au Roi Henri
IV , à être pendu & étranglé par Arrêt de Tribunaux livrés au fanatifme de
la révolte , qui fubjuguoit la majeure
partie de la nation. Dans ces circonf-
tances , il voit un Officier , auquel il
donne l'ordre , balancer fur l'exécution ,
& vouloir avant tout , prendre , dit-il ,
fes fûretés pour l'avenir , contre les re-
cherches de la justice. En falloit-il plus
pour s'en défier ? C'est alors que le Général , d'autant de fageffe que de valeur , dit
à l'Officier chancelant & raifonneur les

paroles citées ; & il le caſſe en effet ſur le champ, non pas comme un guerrier juſte & religieux, tant s'en faut; lui-même étoit également bon françois, bon militaire, bon chrét en, & même zélé catholique : mais il le caſſe, avec raiſon, comme un homme ſuſpect viſiblement de lâcheté ou de perfidie.

Il feroit beau voir, dans un tems de révolte & de rebellion, un militaire, officier ou ſoldat, commandé au nom du Roi par ſon Général, pour le ſervice de l'état, quitter ſon poſte & prendre la fuite, à l'aſpect de l'huiſſier ou ſergent porteur d'ordre, ſentence, arrêté, arrêt, ou telle autre écriture du barreau ſéduit & entraîné par le cours du torrent ! Pour aprécier une telle baſſeſſe, & en faire recueillir le ſalaire convenable à ſon auteur, il ne faudroit que le remettre, & s'en raporter aux Juges mêmes ſur l'ordre deſquels il ſe feroit auſſi lâchement déshonoré ; en

ſupoſant ſeulement ceux-ci rendus à eux-
mêmes , & redevenus les organes intégres & les fidèles Miniſtres des loix ,
dont l'obſervation & la manutention
font à la fois le caractére & la gloire
du digne Magiſtrat.

S. Auguſtin , l'une des plus vives lumiéres de l'égliſe ſur les points divers
du dogme & de la morale , ſemble ſpécialement le docteur & le caſuiſte des
guerriers chrétiens. Il eſt , entr'autres ,
une maxime de ce pere , dont le déve-
lopement eſt tout-à-fait propre à calmer la conſcience timorée des militaires ; & pour épargner aux Etats le dangereux contre-tems de ces ſcrupules ar-
bitraires , qui doivent , ſelon Bayle ,
& qui pourroient en effet quelquefois
s'élever parmi les guerriers ſur la juſtice des guerres & des diverſes expéditions pour leſquelles ils ſont commandés : c'eſt que , dans une guerre ou
une expédition dont la juſtice n'eſt pas
évidente , l'innocence , la ſainteté mé-

me du guerrier qui en eſt le miniſtre
& qui l'a fait, peut aller de pair avec
l'injuſtice & l'iniquité du Prince qui
en eſt l'auteur & qui l'a fait faire.

En effet, quand les torts de l'aggreſ-
ſeur & l'oppreſſion du défenſeur ſont
notoires, la guerre eſt alors publiquement injuſte d'une part, & juſte de l'autre ; perſonne ne peut y être trompé.
Ainſi la guerre des cinq Rois ligués contre Sodôme, & terminée par le Patriarche Abraham, étoit, avec une
égale évidence, juſte d'une part & injuſte de l'autre. Ainſi celle d'entre les
Hébreux & le roi Sehon, qui, contre
le droit de la nature & des gens, s'opi-
niâtroit à leur refuſer un paſſage néceſſaire à travers ſes états ; malgré leurs
inſtantes priéres & les proteſtations les
plus ſolemnelles de ne prendre aucun
détour ſuſpect, ni à droite ni à gauche, de marcher toujours dans le grand
chemin, d'acheter tous les alimens & de
payer comptant juſqu'à un verre d'eau.

E 3

Il n'y avoit pas plus à se méprendre dans ces guerres, que dans celles des Machabées, qui eurent pour motif notoire le juste dessein d'affranchir leur patrie d'un joug inique, & de la tirer d'une oppression extrême.

Mais la guerre peut quelquefois être injuste d'une maniére secréte ; ensorte que le Prince & son conseil, instruits des motifs, en portent seuls l'iniquité, pendant que les armées sont innocentes. Barbeyrac donne un extrait des longs raisonnemens de Grotius à ce sujet, que le Chevalier Follard trouve d'une grande instruction pour les gens de guerre, & les autres qui cherchent à se rendre utiles à leur patrie. Nous allons donner une idée de cet extrait, trop long lui-même pour être cité en entier. On peut, selon Grotius, distinguer les causes de la guerre, en causes justificatives ou Raisons, & causes déterminatives ou Motifs : *Causæ justificæ, Causæ suasoriæ.*

Les premiéres ſont celles qui paroiſ-
ſent rendre la guerre juſte par raport
à l'ennemi , enſorte qu'on croit ne lui
faire aucun tort ni injuſtice en prenant
les armes contre lui. Les ſecondes ſont
les vues d'intérêt , bien ou mal entendu ,
qui décident à déclarer la guerre. Dans
une guerre innocente à tous égards ,
il faut non-ſeulement que les cauſes
juſtificatives ou les Raiſons, ſoient véritablement légitimes ; il faut que les
cauſes déterminatives ou les Motifs ,
le ſoient auſſi ; c'eſt à-dire , que l'on
n'entreprenne la guerre, comme nous
l'avons dit ci-devant, que par la néceſſité où l'on ſe voit réduit de ſe défendre contre des injures inſuportables.

Ainſi une guerre peut être communément injuſte à l'égard de ſes cauſes
en deux maniéres. 1°. Lorſqu'on a des
motifs deſtitués de raiſons; ou, ce qui
revient au même, lorſqu'on a des motifs fondés ſur des raiſons fauſſes, &
qui, étant bien éxaminées , ſe trouvent

E 4

au fond illégitimes. 2°. Lorſqu'ayant de bonnes raiſons , on entreprend la guerre par de mauvais motifs qui n'ont aucun raport avec le tort qu'on a reçu ; comme pour acquérir une vaine gloire, pour étendre ſa domination, pour s'enrichir , pour ſatisfaire ſon reſſentiment, & par quelqu'autre vue d'intérêt public ou particulier, mais détaché de la raiſon juſtificative. Quelque difficile qu'il ſoit alors de convaincre d'injuſtice l'auteur de la guerre , dont les motifs peuvent être cachés & impénétrables, au fond pourtant la guerre alors eſt très-injuſte dans le Prince qui la décrete , & ceux des ſiens qui la conſeillent; mais elle n'en eſt pas moins juſte d'ailleurs à l'égard de l'ennemi à qui on la fait, & des nationnaux ou alliés par qui on la fait faire.

C'eſt principalement à l'égard de ces derniers , c'eſt-à-dire , des combattans nationaux ou alliés , qu'il faut entendre ce que dit Grotius, que la guerre peut , en un ſens, être juſte des deux côtés. Car , on n'agit injuſtement que quand on ſçait que ce que l'on fait eſt injuſte, ou qu'on a dû & pû le ſçavoir. Or , il y a dans des armées opoſées bien des gens qui ne ſçavent pas que ce qu'ils font eſt injuſte, & qui n'ont pû ni dû le ſçavoir. C'eſt ainſi qu'on peut faire la guerre de part & d'autre juſtement, c'eſt-à-dire, de bonne-foi; comme il peut arriver, en matiére de procès , qu'aucune des parties ne ſoit coupable d'injuſtice.

Lors donc qu'il n'eſt pas évident au public, lors même qu'il eſt douteux à ſon égard, ſi la guerre eſt juſte ou injuſte, les raiſons & les motifs pouvant être donnés les uns pour les autres, ou peut-être même devant être cachés à deſſein, par raiſon d'état, ſous divers prétextes; alors, dit encore dans les principes de S. Auguſtin, l'Abbé Du guet, le préjugé doit être en faveur du Prince, & ſes ſujets le doivent ſervir avec zèle & avec chaleur, sans aprofondir les raisons favorables ou contraires à ses prétentions. Il y auroit en effet de grands inconvéniens à rendre les particuliers juges de ces sortes d'affaires ; les avis se partageroient à l'infini ; les armées seroient pleines d'hommes foibles & chancelans ; le principe du courage seroit ébranlé ; le moindre péril étonneroit, arrêteroit, & l'état resteroit en proie.

Dieu qui gouverne les hommes avec une sagesse infinie, a séparé les devoirs du conseil & ceux de l'armée. Il ordonne au conseil de bien examiner la justice de la guerre, à l'armée de vaincre ou de mourir. Dès-lors ceux des nationnaux qui ont déja les armes à la main, n'ont qu'à obéir ; ceux qui ne sont pas dans le service, peuvent, doivent même quelquefois, selon le péril de l'état, s'y engager ; tous doivent laisser au Souverain le soin de rendre compte à Dieu de sa conduite. On demande , & ils doivent leur cœur , leur tête & leur bras pour agir contre l'ennemi , non leurs réflexions pour délibérer & ſe décider ou déterminer contre lui. S. Auguſtin les aſſure que le Prince ou ſon conſeil peut prévariquer & être coupable aux yeux de Dieu , mais qu'ils ſont innocens & font leur devoir en exécutant ſes ordres pour la défenſe & le ſervice de l'état ; lorſqu'ils ſçavent qu'on ne leur demande rien d'opoſé à la loi de Dieu , ou qu'ils ne ſçavent pas & qu'ils n'ont pû ſçavoir que les ordres qu'ils reçoivent , ſont contraires à cette loi. Alors le Prince peut être injuſte & criminel en donnant l'ordre , ſans que le militaire qui l'exécutera , ſoit moins juſte & moins vertueux. *Ita ut fortaſſe reum regem faciat iniquitas imperandi , innocentem vero militem oſtendat ordo ſervičndi.*

Il ne faut donc point que dans ces occaſions l'on examine ni la religion ni la vertu du Prince. Les premiers chré-

tiens obéiſſoient aux Empereurs idolâ-
tres & vicieux avec autant de ſidélité
qu'ils obéirent depuis à Conſtantin &
à Théodoſe. Ils les regardoient comme
chefs de la République, prépoſés de
Dieu même à ſa défenſe ; & ils fermoient
les yeux ſur le reſte. Ils ſéparoient le
Prince du particulier, & ils ne confon-
doient pas ſon autorité avec ſes qualités
perſonnelles. Il en doit être ainſi à l'é-
gard de tous les Princes légitimes, dit
encore d'après S. Auguſtin, l'auteur de
l'Inſtitution d'un Prince. S'ils ſont juſtes, équitables & vertueux, on leur
obéit avec plus de joye : mais s'ils ont
le malheur d'être vicieux ou même
hors de l'Egliſe, on ne leur obéit pas
avec moins de fidélité dans toutes les
choſes où la Religion n'eſt point bleſ-
ſée ; & l'on expoſe ſa vie pour leur
défenſe & pour celle de l'Etat, avec
autant de mérite que s'ils étoient pleins
de vertu.

Conformément à ſes principes, on

sçait que S. Augustin , & son digne ami
l'Evêque Alipius , détournérent le célebre Comte Boniface du dessein d'embrasser la vie monastique , fondés sur ce
que il devoit à Dieu dans le mond
l'emploi de ses talens guerriers pour le
salut des peuples. Nous avons de Saint
Bazile le Grand , une lettre écrite à un
militaire, dont ce saint Archevêque s'estime heureux d'avoir la connoissance ,
& dont les vertus chrétiennes qui édifioient l'armée , auroient édifié l'église
& honoré ses principaux siéges.

S. Jean Damascene répétant les paroles du saint précurseur aux guerriers
de son tems , croit les militaires sus-
ceptibles d'une assez haute piété, pour y
joindre & leur adresser le conseil de
voir , avec une noble indifférence , la
pompe & toutes les choses de ce monde qui n'ont pas un raport direct à l'u-
tile progrès de leur profession , & de
n'oublier jamais que leur grand & principal but , en méditant & faisant la

guerre, c'eſt la paix, dont ils font profeſſion de procurer & d'aſſurer le bien-
fait à leur patrie ou à leur nation, au
prix même de leur ſang.

S. Chriſoſtôme ſe récrie d'admiration
ſur la haute piété du Centurion Corneille, cet Officier des troupes romaines, qui étoit, d't-il, à la fois, le
pere & l'exemple des troupes, l'amour
& l'exemple de toute la ville de Cœſarée.
Le ſaint Docteur cite la conduite édifiante & ſoutenue de ce digne militaire
aux gens de la Cour, & aux perſonnes
du plus grand monde, comme un modèle à ſuivre, & ſpécialement propre
à confondre & faire évanouir les vains
prétextes qu'ils puiſent quelquefois
dans les obligations de leur état, pour
ſe ſouſtraire aux devoirs de la Religion.

Quelques réglemens d'ancienne diſcipline ſoumirent, il eſt vrai, à une eſpéce d'expiation, les militaires qui,
ayant combattu, étoient cenſés avoir

tué plus ou moins d'ennemis, de méme que les particuliers qui avoient tué
en ſe défendant ou par accident. Mais
cette expiation édifiante étoit une eſpéce de cérémonie légale empruntée
des Juifs chez qui l'attouchement méme fortuit d'un cadavre étoit une ſouil-
lure ; & chez qui conſéquemment le
ſouverain Sacrificateur devoit purifier
tous ceux qui revenoient d'une bataille
dans la guerre la plus légitime, parce
qu'ils étoient cenſés y avoir répandu,
quoique juſtement, le ſang des leurs,
à cauſe de l'ancienne & originelle pa-
renté de tous les hommes.

Dans les conſtitutions qui portent le
nom de Clément Romain, & qu'on
croit écrites ſur la fin du ſecond ſiécle,
il eſt dit formellement qu'on ne fait
pas toujours mal en ôtant la vie à un
homme; mais ſeulement lorſqu'on l'ôte
à un innocent ; bien entendu que ce
droit de faire mourir quelqu'un eſt réſervé à la puiſſance publique. Dans un

autre endroit des mêmes conſtitutions ;
où l'on traite de ceux à qui on doit accorder ou refuſer le baptême, il eſt
dit que quand un Soldat ſe préſente pour
être baptiſé , on doit l'exhorter à ne
maltraiter perſonne injuſtement , à n'u-
ſer point de fraude , & à ſe contenter
de ſa paye ; & s'il ſe conduit de cette
maniére , le recevoir.

S. Charles Borromée , cet ardent zélateur de l'ancienne diſcipline de l'é-
gliſe , regardoit ſpécialement l'état militaire comme un état de ſalut. Ces
divers Conciles contiennent, en faveur
de ceux de cet état qui rempliſſoient
alors ſon vaſte diocèſe , des réglemens
dont la noble & décente pratique feroit honneur à l'état Religieux.

Hé! n'avons-nous pas vû cette double
profeſſion réunie avec autant de ferveur
que de bravoure dans ces divers corps
de Religieux militaires , notamment
dans l'ordre héroïque de ces anciens
Chevaliers du Temple & de S. Jean de

Jérusalem ? Non, dit & prouve, d'a-
près un digne & vertueux Chevalier de
Malthe, l'auteur du grand Cathéchisme
de Montpellier, dans l'instruction sur
les devoirs des Chevaliers de cet ordre,
la vertu, la religion, l'état religieux
même, n'ont rien d'incompatible avec
l'exercice des armes & la profession
militaire. Les trois vœux de pauvreté,
de chasteté & d'obéissance, ne peuvent
que donner aux militaires un moyen
plus facile & plus sûr de se sanctifier
dans leur état, déja saint par lui-même,
s'ils y ont aporté ou s'ils y ont pris
les dispositions convenables, c'est-à-
dire, le zèle de la justice contre ceux
qu'ils combattent, & le zèle de la charité pour ceux qu'ils défendent. Ceux
qui pensent autrement, dit le Théolo-
gien de l'Oratoire, ne le font qu'en
conséquence du préjugé qui les empéche d'examiner l'esprit de chaque chose
pour le distinguer d'avec la lettre, &
de considérer chaque profession en elle-

même , indépendamment des abus qui peuvent s'y être glissés.

Plusieurs saints Evêques se sont rendus également chers à l'Etat & à l'Eglise , en défendant l'un par leur courage , en même-tems qu'ils édifioient l'autre par leurs vertus. Tout homme est soldat en certaines occasions , c'est un axiôme de la nature , & le salut du peuple est la première loi : *Salus populi, prima lex.*

» Quoiqu'il semble qu'il y ait des différences infinies entre ceux qui suivent les Armes & ceux qui font profession particuliére de Piété , & que ces deux états soient incompatibles , cependant , je ne crains pas de dire , écrit le saint Abbé , réformateur de la Trappe , qu'il n'y a guére d'état où il y ait des secours plus puissans pour garder à Jesus-Christ la fidélité qu'on lui doit. La première , c'est que , comme il n'y a point de moment où l'on ne puisse perdre la vie , & qu'on a la mort incessamment devant les yeux, il n'y a rien auffi qui foit plus propre à nous défabufer des chofes prefentes, puifque ce feroit la plus grande de toutes les extravagances de defirer ce que l'on peut perdre dans tous les momens. La feconde, c'eft que l'on voit inceffamment les deux faces de l'éternité, qui font les châtimens & les récompenfes, & que rien n'eft plus capable d'infpirer l'amour de la vertu & l'horreur du vice ».

» Ainfi, continue l'illuftre Rancé, un Homme de guerre imitera Jefus-Chrift quand il regardera Dieu dans la perfonne de fon Prince, qu'il recevra l'ordre de fon Roi, & des officiers, fes divers lieutenans, comme l'ordre de fon Dieu, & qu'il l'exécutera par cette raifon avec une ponctualité fi exacte que la parole de celui qui commande & l'action de celui qui obéit, fe paffent dans un même moment : Quand il traitera ceux qui fe trouvent fous fon autorité, non pas comme des efclaves ou

des forçats, mais comme des compagnons & des amis ; quand, en conféquence, loin de prodiguer inutilement
leur vie, il les conduira avec autant de
prudence que de valeur ; quand il tâchera, selon la mesure du pouvoir qu'il
se trouve en main, de les faire vivre
dans la crainte de Dieu, dans l'obfervation des loix & des ordonnances :
Quand il confidérera les fatigues, les
veilles, les travaux, les pertes, la faim,
la foif, la privation des chofes nécef-
faires, en un mot, les peines & les maux
divers qu'il ne peut éviter dans de lon-
gues marches & dans le cours d'une
campagne laborieufe, comme des mor-
tifications, des fouffrances chrétiennes
& des croix falutaires que Dieu lui envoye, dans fa miféricorde & par fa
bonté, pour lui faire expier fes fautes,
fes déréglemens paffés, & pour prévenir & expier, en quelque façon d'a-
vance, ceux où la fragilité humaine
eft dans le cas de l'entraîner & de le

faire tomber tous les jours; quand enfin il ira aux occasions, résolu à vaincre ou mourir pour la défense de son peuple & le salut de sa nation, qu'il montera à la bréche ou qu'il marchera au combat, plein d'une sainte ardeur & comme s'il alloit au martyre ».

» Si ceux qui commandent, aussi-bien que ceux qui obéissent, suivent ces régles, gardent ces loix, & y joignent, selon leur loisir, des priéres pour obtenir de Dieu la force & la fidélité dont ils ont besoin pour les observer; ils doivent croire & espérer que Jesus-Christ les regardera dans sa miséricorde, & qu'il ne leur refusera pas la grace d'être à la fois, & jusqu'à la fin, dignes & bons chrétiens, dignes & bons militaires; & d'obtenir par ce double & inséparable moyen, le sort fortuné de ses élûs, la gloire & le bonheur de ses Saints ».

'Tous ne font pas ceci, dira-t'on, je le crois: eh ! dans quel état 'Tous font-

ils ce qu'ils doivent ? Mais l'abus de
l'ufage ne prefcrit point contre le droit
de la regle ; il ne fuffit pas de trans-
greffer la loi pour l'anéantir. Si l'on y
vouloit regarder de près, quel plus fra-
pant contrafte que celui qu'on décou-
vriroit entre ce que font les corps la
plûpart même des particuliers, & ce
qu'ils devroient être ? Seroit-ce carac-
térifer & peindre l'Ordre Sacerdotal &
Religieux, que de fubftituer à l'étude,
aux lumiéres, aux talens, aux mœurs &
aux vertus qui le caractérifent de droit,
la fénéantife & la fatuité, l'ignorance,
l'orgueil, l'ambition, la cupidité & toutes les efpéces de corruption qui en des-
honorent de fait quelques membres, dès-
lors fléaux du corps, & non moins à
charge à l'Eglife qui les défavoue qu'à
la fociété qui les fouffre ?

Ce n'eft donc pas peindre & caracté-
rifer ; c'eft au contraire décrier & calom-
nier l'état militaire, que de lui attri-
buer, comme de droit, le criminel excès

d'une férocité, d'une rapacité, d'une licence & d'une corruption abuſives. De tels excès firent ſouvent abhorrer & exterminer de licentieux fourageurs, ou des maraudeurs effrenés ; mais loin de rendre vraiment formidable une armée qu'ils infecteroient , on peut dire qu'ils feroient au contraire une cauſe prochaine de ſa deſtruction , & qu'ils la rendroient infailliblement la proye de toute autre armée de force égale, moĩndre même, où les mœurs & la diſcipline feroient en vigueur. L'expérience des ſiécles atteſte ceci.

Quelque décriés que puiſſent donc être, relativement à la Religion & à la Vertu, les mœurs & les ſentimens de divers Militaires, il s'enſuivra peut-être que ces militaires ignorent ou méconnoiſſent leurs devoirs & ne ſentent pas la dignité de leur état, puiſqu'ils reſtent ſi fort au-deſſous ; mais il ne s'enſuivra rien contre l'honneur, l'excellence & la dignité de cet état en lui-même,

& , sous ce point de vue , toujours essentiellement supérieur. Encore une
fois , il s'agit ici non du fait , mais du
droit.

Si , dit le pieux & illustre auteur des
Maximes des Saints à un militaire distingué entre ses amis , si vous avez le loisir
de lire les livres de Josué , des Juges ,
des Rois , de Judith & des Machabées ,
vous prendrez plaisir à y voir le Dieu
des armées qui triomphe de l'orgueil de
ses ennemis , & qui mene comme par
la main , ceux qui espérent en lui. Ces
livres vous inspireront un courage fondé sur la foi , & vous aprendront à sanctifier la guerre. Vous y trouverez des
exemples aimables de guerriers fidèles,
humbles , modestes , & qui se prépa-
roient à combattre en priant. Il faut
aussi que vous regardiez Dieu comme le
premier chef de votre armée , comme
la force de votre camp, comme votre
bouclier , & vous pourrez lui dire dans
la vive ardeur de votre foi & de votre
confiance,

confiance , comme David , ce guerrier si brave & si pieux : quand même je passerois au travers des ombres de la mort, non , Seigneur , je ne craindrois rien , parce que vous êtes avec moi : *Et si ambulavero in medio umbræ mortis , non timebo mala , quoniam tu mecum es.*

Voilà ce que diroient au militaire scrupuleux , dans le besoin , ou plutôt ce que lui auroient enseigné d'avance les Aumôniers , docteurs naturels & pasteurs ordinaires des divers Corps de l'armée où les entretient l'Etat ; & où, pour le dire en passant , leur façon de penser & d'agir pourroit influer plus qu'on ne semble croire sur la façon de penser & d'agir des troupes dans le cours de la campagne & dans une affaire. On supose , bien entendu , que ces Ministres particuliers du Dieu des armées seroient toujours, non pas pris au hasard dans la lie des cloîtres ou des séminaires , mais choisis avec soin sur ce que l'un & l'autre Clergé sçauroient avoir

F

de plus capable & de plus méritant.
Tel fut l'esprit de la légiflation ecclé-
fiaftique & civile à cet égard, dans une
Diéte des principaux Seigneurs & Prélats du vafte empire de Charlemagne,
préfidée par ce Prince à Worms, où
l'on fit défenfes aux Evêques & aux Eccléfiaftiques de fuivre déformais les
Armées, excepté feulement un choix
formel de deux ou trois des premiers,
& de quelques-uns des autres, à titre
d'Aumôniers.

Hé! qui empêcheroit d'ailleurs que
ces hommes de lettres & de loifir ne
fe miffent en état par leurs réflexions
fur le paffé de connoître le prefent,
de préjuger l'avenir? Si, comme l'a dit
d'après l'Empereur Zénon le Chevalier
Follard, la guerre eft une Science plus
fpéculative qu'expérimentale, pourquoi ces Eccléfiaftiques militaires, à
portée de confulter l'expérience des anciens guerriers ne s'occuperoient-ils pas
à en méditer quelques dignes leçons,

de maniére à pouvoir, dans l'occasion, joindre les conseils de la prudence humaine aux oracles de la divine sagesse, & montrer en eux aux armées, si l'on peut s'exprimer ainsi, la précieuse union des fonctions de Mentor à celles de Calchas ?

Il ne tiendroit pas à Bayle qu'on ne se représentât tous les vrais chrétiens à genoux du matin au soir, les bras croisés, les yeux au ciel, ou la face contre terre, dans une priére & une oraison perpétuelles, exclusives de tout autre exercice & occupation. De vrais chrétiens, dit-il, ne se détourneroient point de l'oraison & des œuvres de charité. Mais il se joue des termes, & veut faire prendre le change.

Pour ce qui est des œuvres de charité, est-il donc œuvre plus charitable que celle dont l'objet est de donner pour ses freres, non pas seulement une obole ou un verre d'eau (ce qui toutefois ne seroit ni sans mérite ni sans ré-

compenfe) mais jufqu'à fon fang & fa
vie ?

Quant à l'oraifon, il en eft une efpéce, qui n'eft autre que l'intention
virtuelle ou la difpofition fincére de l'a-
me à faire en tout & par-tout la volonté de Dieu. Cette oraifon, loin d'exclure l'exercice d'aucune profeffion honnête, & de nous en rendre les devoirs
impoffibles, nous les fait remplir au
contraire, chacun dans notre état, avec
d'autant plus de goût, d'empreffement,
d'exactitude & de ponctualité, qu'en
les rempliffant, dès-là & par cela même que nous les rempliffons, nous fommes cenfés prier, felon la maxime
vulgaire : *Qui laborat, orat*. Mais, fi par
l'oraifon, qui, felon Bayle, doit conti-
nuellement occuper le chrétien, on
veut entendre la priére & l'oraifon à la
fois mentales & verbales ; cela fait une
grande différence. La priére & l'oraifon
ainfi entendues, font des occupations
religieufes & bien dignes du chrétien,

ſans doute ; mais en tems & lieux, où & quand ſon devoir ne lui en preſcrit point d'autres.

Ainſi, lorſqu'en Campagne, un Militaire reſte tout un jour dans la tranchée, accroupi ſur les genoux, plongé dans l'eau ou la fange ; quand on lui fait faire des marches continuelles de pluſieurs mois, harcelé aujourd'hui à l'arriére-garde, & harcelant peut-être demain les autres à ſon tour ; détaché ici, contremandé là, paſſant une nuit ſous les armes, & courant nud en chemiſe à l'ennemi, la nuit ſuivante ; tranſi de froid au retour, excédé de fatigues, mourant de faim, tombant de laſſitude, & n'ayant peut-être pas dans ſa tente de paille pour ſe coucher. Alors ce brave homme fait ſa priére, où, quand, & comme il peut ; la vive & ardente priére du cœur eſt la ſienne, & ce n'eſt pas la moins efficace. On ſçait la maxime : Courte priére pénétre les cieux. En général, moins de longueur, plus de ferveur : tel eſt ſouvent, en fait de priére & d'oraiſon, la meilleure mé-thode , celle que preſcrit & recommande Jeſus-Chriſt lui-même. Lorſque vous priez , dit-il, ne faites pas comme les hypocrites qui affectent de multiplier leurs priéres pour être vûs , ni comme les payens qui s'imaginent qu'à force de paroles , ils obtiendront de leurs faux Dieux ce qu'ils demandent; mais dites du fond du cœur , avec une foi vive , une humble & ferme confiance : Notre Pere qui êtes dans les Cieux , &c. *Orantes nolite multum loqui , &c.*

Un moyen plus facile qu'honnête de décourager quelqu'un & de l'empêcher de tendre même vers le but qu'il lui feroit le plus avantageux d'atteindre , c'eſt de le lui montrer au-deſſus de ſa portée, & de lui perſuader que, quels que ſoient ſes deſirs & ſes efforts, il ne pourra jamais y parvenir. C'eſt ainſi qu'on a découragé & détourné des pre-

miers pas dans la carriére de la vertu
& de la religion , des perſonnes qui
par leurs diſpoſitions naturelles & leur
ſituation dans le monde , y auroient
trouvé leur bonheur & fait celui des
autres. Ne déguiſons point ſous un vain
amas de fauſſes fleurs les épines ſacrées
du Calvaire, mais n'allons pas non plus
en trop hériſſer le chemin où s'offrent la gloire, les délices du Thabor :
& quand le Fils de Dieu lui-même
vante les douceurs de ſon joug aux plus
foibles, *jugum meum ſuave & onus leve ,*
n'ayons pas l'injuſtice d'en faire un far-
deau accablant & intolérable aux plus
forts.

Toutes choſes ont un milieu , & ce
milieu eſt comme un point fixe dont
on ne peut s'écarter de côté ou d'autre
ſans s'égarer. C'eſt un axiôme dont nous
fûmes inſtruits dès l'enfance :

Eſt modus in rebus ; ſunt certi denique fines
Quos ultra citraque nequit conſiſtere rectum.

C'eſt pour ne ſçavoir pas garder ce

juſte milieu, que ſouvent les perſonnes inconſidérées ne s'éloignent d'un excès que pour ſe jetter dans l'excès contraire :

Dum vitant ſtulti vitia, in contraria currunt.

Socrate, le plus ſage des philoſophes Grecs, mettoit à la tête de ſa morale cette grande maxime, qu'il ne faut rien outrer : *Ne quid nimis.* Le premier des Philoſophes Romains, Ciceron, ſupoſe, comme un principe inconteſtable, que dans les meilleures choſes il y a un point où il faut ſçavoir s'arrêter, de peur de corrompre le bien par le mélange du mal : *Omnibus in rebus videndum eſt quatenus.* Mais il eſt des autorités plus irréfragables. Avant les ſages Grecs & Romains, Salomon le ſage par excellence, nous avoit donné pour maxime de ne pas même outrer la juſtice, & de ne pas vouloir être plus ſage qu'il ne faut : *Noli eſſe juſtus multum, neque plus ſapias quam neceſſe eſt, ne forté obſtupeſcas.* Ce tempéramment de vertu que les Moraliſtes apellent *modus*, nous est encore mieux représenté par cette sobriété de sagesse que S. Paul recommande si expressément : *Non plus sapere quam oportet sapere , sed sapere ad sobrietatem.* L'Apôtre pouvoit-il nous déclarer plus nettement que dans les meilleures choses, & même dans les plus saintes, il y a des bornes qu'on ne peut franchir sans péril ? Eh , pourquoi nous prêcheroit-il la sobriété jusque dans la vertu , si l'excès n'y étoit pas à craindre ?

En général , disoit au vertueux Dauphin, pere du feu Roi Louis XV , un Prélat d'une piété tendre & d'un sçavoir éminent , le royaume de Dieu ne consiste point dans une scrupuleuse observation de petites formalités. Il consiste pour chacun dans les vertus propres de son état. La vraie piété n'a rien de foible , ni de triste , ni de géné , elle élargit le cœur ; elle est sainte & aimable ; elle se fait tout à tous , pour les gagner tous. La charité qui en est l'ame , est , dit l'Apôtre , douce , facile , com-

patiſſante , officieuſe , bonne & bienfaiſante. Sa vue & ſon abord , comme
le dit le ſage de la vraie ſageſſe ou de
la véritable vertu , loin d'être farouches & rebutans , n'ont rien que d'humain & de gracieux ; ſa converſation
n'a rien de déſagréable , ſon commerce
rien d'ennuyeux ; on n'y trouve que de
la ſatisfaction & de la joie , l'intime &
réelle ſatisfaction de l'ame , la joie pure
& paiſible du cœur : *Non enim habet*
amaritudinem converſatio illius , nec tœ-
dium convictus illius , ſed lætitiam &
gaudium.

Vous ferez honneur à votre piété, &
vous la rendrez reſpectable dans votre
perſonne aux critiques & aux libertins ,
dit encore le grand Archevêque de
Cambray à ſon auguſte éleve , ſi vous
la pratiquez d'une maniére ſimple ,
douce , noble , forte & convenable à
votre rang. Il faut aller droit aux devoirs eſſentiels de votre état par le principe de l'amour de Dieu , & ne rendre

jamais la vertu incommode par des hé-
ſitations ſcrupuleuſes ſur les petites choſes. Encore une fois, ſi vous voulez faire
honneur à votre piété, vous ne ſçauriez
être trop attentif à la rendre douce,
ſimple, commode, ſociable.

Il n'y a pas juſqu'aux divertiſſemens at-
tachés à l'état des perſonnes, que ne com-
porte la piété, la plus haute dévotion. Il
y a, dit le Prélat eſtimable à tant de titres, bien des gens qui veulent qu'on gé-
miſſe de tout, & qu'on ſe gêne conti-
nuellement, en excitant en ſoi le dégoût des amuſemens auxquels on eſt aſ-
ſujetti : pour moi, ajoute-t'il, j'avoue
que je ne ſçaurois m'accommoder de
cette rigidité. J'aime mieux quelque
choſe de plus ſimple, & je crois que
Dieu même l'aime beaucoup mieux.
Quand les divertiſſemens ſont innocens
en eux-mêmes, & qu'on y entre par les
régles de l'Etat où la providence nous
met ; alors je crois qu'il ſuffit d'y prendre part avec modération & dans la vue

de Dieu. Des maniéres plus séches, plus réservées, moins complaisantes & moins ouvertes, ne serviroient qu'à donner une fausse idée de la piété aux gens du monde, qui ne sont déja que trop préoccupés contr'elle, & qui croiroient qu'on ne peut servir Dieu que par une vie sombre & chagrine.

Marchons dans la simplicité du cœur avec la paix & la joie qui sont les dons & les fruits de l'Esprit Saint. Qui marche en la presence de Dieu dans les choses les plus indifférentes, ne cesse point de faire l'œuvre de Dieu, quoiqu'il ne paroisse rien faire de solide & de sérieux. Ainsi, quand on ne peut dire des choses édifiantes, on dit des riens d'aussi bon cœur; on s'amuse à ce que S. François de Sales apelle des *joyeusetés*: par-là on se délasse en délassant les autres, avec la franche & noble sécurité de la candeur. On peut voir ce sujet traité dans un écrit du pieux & docte Archevêque à une Dame de la Cour,

au ſecond volume de ſes Œuvres ſpiri-
tuelles.

Le Militaire peut donc, comme toute
autre perſonne du monde, être chrétien ſans être inſociable, ſans avoir
l'air farouche, l'abord dur & l'auſtérité
repouſſante d'un Mélancolique iſolé,
d'un ſombre Miſantrope, ou d'un ſau-
vage Anachorette. Ainſi, quoique l'état
même Religieux, quant aux choſes eſſentielles, ſçavoir, le triple vœu de la
chaſteté, de pauvreté & d'obéiſſance,
n'ait rien d'incompatible avec la profeſſion militaire, comme nous l'avons obſervé & prouvé ci-deſſus, ſpécialement
par l'exemple des Religieux Chevaliers
de Malthe ; néanmoins ces Religieux
Militaires eux-mêmes ſe ſont toujours
comportés autrement dans le grand
Couvent de l'Iſle & autres Communau-
tés ou Commanderies réguliéres, autrement dans les camps & dans les armées
de terre ou de mer. Un Prince à la Cour,
un Militaire à l'armée, ne peuvent ni

ne doivent servir Dieu de la même façon
qu'un Solitaire dans son desert , un Religieux dans son cloître , ou qu'un sim-
ple Particulier dans la libre aisance de
sa vie privée. Mais ils n'en sont pas
pour cela moins chrétiens ni plus sé-
vrés des moyens de sanctification & de
salut dont Dieu daigna pourvoir abondamment tous les hommes , dans la pratique de leurs différens devoirs , selon
les divers états où il plût à sa Providence
de les apeller : *Unus quisque in quâ vo-
catione vocatus.*

Aussi , loin d'interdire la profession
militaire ou l'exercice des armes & de
la guerre , l'Eglise a nommément ex-
communié les déserteurs , ou a jugé à
propos , dit le troisiéme Canon du Concile d'Arles , tenu sous le grand Cons-
tantin , de suspendre de la Communion
ceux qui jettent les armes & abandon-
nent la milice , ou quittent le service,
hors le tems de persécution. En conséquence S. Augustin & S. Ambroise

louent la soumiſſion & l'obéiſſance des foldats chrétiens au premier ordre ou ſignal des Empereurs même Payens, contre qui que ce fût des ennemis de l'Etat qu'ils leur diſent de marcher & de combattre. Un Concile national, tenu en Angleterre l'an 1009, veut que dans une guerre dont l'importance expoſeroit la perſonne, ou demanderoit la preſence du Roi, quiconque s'abſentera de l'armée ſans congé, encoure une ruine totale, par la perte ou la confiſcation de tous ſes biens.

Selon les Ordonnances capitulaires, faites aux aſſemblées des Prélats & des principaux Seigneurs du royaume, qui étoient ainſi à la fois des eſpéces de Conciles & d'Etats nationnaux, les hommes libres, obligés au ſervice, ne pouvoient s'y ſouſtraire même en entrant dans le Clergé, en ſe faiſant Clercs ou Moines. Quiconque devant marcher à l'armée y manquoit, perdoit d'abord tout fief, honneur & bénéfice

relevant du Prince ; & payoit de plus
soixante sols d'or d'amende , ou restoit
serf & personnellement dégradé de noblesse jusqu'au payement de cette somme , alors exhorbitante. Un Ecrivain ,
zélateur de la Noblesse militaire , en-
troit dans l'esprit de ces anciennes loix
de l'état , lorsqu'il vouloit qu'encore aujourd'hui tout Noble, jeune, valide &
désœuvré , tombât en roture , & restât
dégradé du titre & des priviléges de la
noblesse , qui , dit-il , ne sont plus qu'une
usurpation , dès qu'on n'est point dans le
cas de les mériter par des services d'une
importance & d'un prix supérieurs aux
retours lucratifs & aux récompenses
vulgaires.

Le célébre Pape Urbain II. ne craint
point d'avancer , au milieu des Peres du
Concile général de Clermont , que les
Guerriers armés , non par ambition ou
cupidité , mais dans le généreux dessein
d'affranchir d'un odieux & cruel escla-
vage leurs freres d'Outremer (guerres

d'une justice réputée alors évidente ,
indépendamment des abus, des excès &
des inconvéniens multipliés qui les dé-
criérent depuis) doivent mourir certains
du pardon de leurs péchés , & des éter-
nelles récompenses du ciel. Le Concile même , composé de trois à quatre
cens Evéques , fit un Canon de cette
maxime : *Quicumque pro solâ devotione
ad liberandam Ecclesiam Dei Jerusalem
profecti... peccatorum indulgentiam &
fructum æternæ mercedis se non dubitent
habituros.*

La charité envers le prochain est ,
dans le sens de l'écriture, comme une
espéce de manteau qui couvre & fait
disparoître la multitude des péchés : *
Charitas operit multitudinem peccatorum.*
Quelle charité au-dessus de celle qui
va jusqu'à l'entier dévouement de soi-
même, & au sacrifice de son sang &
de sa vie ? Le Baptême & la Pénitence
effacent également les péchés les plus
nombreux & les plus énormes. Le

baptême de fang a toute l'efficace du baptême d'eau : Et quelle pénitence a plus d'efficace que la fanglante expiation du militaire , qui , quels qu'ayent été fes foibleffes & fes défordres jufqu'au moment de l'action, fe fent alors pénétré de repentir , & offre à Dieu franchement , en vue de les expier , le facrifice actuel ou prochain de fa vie pour fes freres, l'effufion magnanime & volontaire de tout fon fang , pour leur défenfe , leur confervation, leur falut ?

Des raifons particuliéres au Clergé de l'Eglife Grecque fous l'empire de Phocas, l'opoférent à ce Prince ufurpateur , qui vouloit donner , de fon chef, aux foldats morts en combattant pour lui , la qualité de Martyrs. Mais l'églife Grecque accorda depuis juftement cette glorieufe qualité aux militaires morts en combattant pour les autels & les foyers de la patrie. Ce dogme eft peut-être ce qui de nos jours a fait aller de pair la bravoure, d'ailleurs diſciplinée des Ruſſes, avec celle des Turcs, portée long-tems par ce motif juſqu'à l'enthouſiaſme.

Les Docteurs de l'égliſe latine ne peuvent refuſer aux dignes militaires morts en combattans, cette heureuſe palme du martyre. Si quelques-uns leur en ont refuſé le nom, ce n'eſt qu'en s'arrêtant à l'étymologie du terme, & à la racine grammaticale du mot de *martyr*, qui ſignifie en grec témoin, & ſelon lequel il n'y auroit de vrais martyrs, à parler ſtrictement, comme diſent les théologiens, que les témoins perſonnels de la Rédemption, c'eſt-à-dire, les Apôtres & les premiers Diſciples. En effet, un digne militaire qui a l'avantage de mourir les armes à la main pour ſon Prince & pour ſon pays, c'eſt-à-dire, pour la défenſe, la conſervation de l'état, la défenſe, la conſervation des biens, de l'honneur & de la vie de ſes compatriotes; un tel

militaire meurt victime du falut public,
& martyr de la charité ; cela eft évident.

Il en a le mérite, il en a la gloire ;
& quoiqu'il foit du vain fon des termes
& des noms, il en a conftamment toute
la réalité. Suivant un des premiers Docteurs de l'églife Gallicane, l'illuftre
Chancelier Gerfon, il n'eft pas même
befoin de la mort effective du digne
militaire, pour lui aflurer cette cou-
ronne ; il fuffit de la difpofition & de
la réfolution, conftatées par l'engage-
ment & par le dévouement fincére aux
périls notoires de la profeffion. Voici
fes termes : » Gens d'armes, s'ils font le
contraire de leur devoir, font martyrs
d'enfer, quand ils foutiennent injufte
querelle, ou par mauvaife intention &
perverfe opération. Mais l'état de Chevalerie eft très-à louer, s'il fait juftement fon devoir. Car, gens d'armes qui
expofent leur vie pour jufte tiltre & défenfe du Roi & de fon royaulme par

droite intention & vertueuſe opération,
ſont comme martyrs de Dieu».

Après cet amas ſurchargé de preuves
& de témoignages puiſés dans les Mo-
numens même de la vertu & de la religion , en faveur de la profeſſion militaire , oſera-t'on encore prétendre &
ſoutenir qu'elle y eſt contraire , & que
la douceur de l'une eſt incompatible
avec la ſévérité de l'autre ; comme ſi
l'équité & la bonté, la juſtice & la charité étoient des vertus contradictoires
& antipatiques? Sera-t'on reçu à répéter
encore que l'Homme vertueux & chrétien ne ſçauroit être qu'inutile & oné-
reux aux états & aux ſociétés politiques,
parce qu'il eſt inapte à la profeſſion militaire qui en eſt l'apui? Que ſa patrie
n'eſt pas de ce monde ; que ſa religion
eſt toute ſpirituelle ; qu'il lui importe
peu d'être libre ou ſerf dans cette vallée
de miſére; que l'eſſentiel eſt d'aller en
paradis ; enfin, que l'homme vertueux
& chrétien eſt ſans intérêt pour les avan-

tages de la plus juste guerre : quand nous
avons vû que ces avantages ne sont autres au fond que ceux même de la paix,
de la tranquillité, de la conservation,
du salut, du bonheur de l'humanité en
général, & en particulier de la patrie ?
Faudra-t'il encore sérieusement répondre à de telles objections ?

En effet, à prendre même les choses
à la lettre, des Exilés & des bannis, des
étrangers, des voyageurs, des pellerins,
sont-ils dès-lors déchargés de toute espéce de soins d'eux-mêmes, & de ceux
avec lesquels ils ont à vivre, dans le
cours du voyage, de l'exil ou du ban-
nissement ? Résignés aux inconvéniens
naturels du voyage, de l'exil ou du ban-
nissement, doivent-ils être aussi résignés
à voir d'un œil tranquille & les bras
croisés, outrager, déshonorer, massacrer diversement, tour à tour, leurs
amis, leurs enfans, leurs femmes, &,
avec eux-mêmes enfin, tous leurs divers
compagnons de voyage, d'exil ou de ban-

niſſement ? Etrangers, pèllerins, exilés, bannis, tant qu'on voudra ; toujours eſt-il qu'il faut vivre, tant que doit durer le cours du voyage & du pellerinage, de l'exil & du banniſſement, pour ſe conſerver au moins juſqu'au tems du rappel & du retour dans la patrie.

Le Chriſtianiſme eſt, dit-on, une religion toute ſpirituelle… Hé bien, que ſuit-il de là ? Donc le chrétien ne doit ni veiller, ni dormir, ni ſe loger, ni ſe vêtir, ni boire, ni manger ? Car toutes ces choſes ſont vraiement corporelles & terreſtres. On l'a dit ſenſément,

Quand l'abſurde eſt outré, c'eſt trop lui faire honneur,
Que vouloir par raiſon combattre ſon erreur,
Enchérir eſt plus court, ſans s'échauffer la bile.

Qu'importe au chrétien d'être libre ou ſerf dans cette vallée de larmes ? L'eſſentiel eſt d'aller en paradis… Qu'importe au ſoldat commandé dans le cours d'une campagne, de ſuivre ou de paſſer l'ordre, d'aller là ou de reſter ici, armé ou ſans armes, debout, aſſis ou cou-

ché, dans ce tems ou dans un autre ?
L'essentiel n'est il pas d'être vainqueur ?
Oui, sans doute ; mais l'essentiel est aussi
d'en prendre les moyens.

Mais quoi, le Christianisme est une
religion toute spirituelle... Cela peut
s'entendre en un sens ; mais pris à la lettre, cela est faux. Le Christianisme est
une religion faite pour les hommes qui
sont composés de corps & d'ame. L'homme ne vit pas seulement de pain, dit le
Sauveur ; il en vit donc en partie. Dès-
lors il ne vit donc pas seulement de la
parole divine. Non ; parce qu'il n'est
pas purement spirituel, que sa religion
conséquemment n'est pas non plus toute
spirituelle, & qu'elle n'est pas tellement
occupée des choses du ciel, qu'elle ne
pense aussi, plus ou moins, selon l'état
des personnes, aux choses de la terre.
Les devoirs de la société les plus distincts
de ceux de la vie spirituelle, ne nous
font-ils pas prescrits & recommandés
en cent endroits des saintes Ecritures ?

C'est

C'eſt ainſi que quelque preſſé qu'il ſoit d'arriver, un guide ou un voyageur n'eſt pas tellement occupé du terme & de la fin de ſon voyage, qu'il ne penſe auſſi plus ou moins à ſes diverſes néceſſités, dans les différentes ſtations, & à tous les moyens d'en bien diriger le cours. C'eſt l'axiôme dicté par la nature même à tous les hommes : *Primo vivere, deindè philoſophari.* Bayle & Rouſſeau ſe font un jeu de laiſſer ici l'eſprit qui vivifie, pour la lettre qui tue.

La Patrie d'un chrétien n'eſt pas de ce monde .... Non, ſans doute ; par comparaiſon du tems qui paſſe comme une ombre, avec l'éternité qui ne paſſera jamais. Ainſi s'expriment en cent endroits de leurs ouvrages, les Sages même Payens, Grecs & Romains ; & cependant le patriotiſme fut chez eux la première des vertus & la paſſion dominante.

Qu'importe, après tout, que l'homme vertueux & chrétien ne regarde la terre que comme un lieu de paſſage, s'il ne doit être admis dans la patrie céleſte, qu'autant qu'il aura mérité de ſa patrie & de ſes compatriotes ici bas ? Quel devoir plus ſacré lui impoſent & preſcrivent de concert la vertu, la religion, ſpécialement la religion chrétienne ? Ignore-t'on qu'elle n'aſſure le bonheur du ciel qu'à ceux qui auront fui le mal, & qui auront fait, chacun dans ſon état, tout le bien qu'ils auront pû faire, à l'exemple de l'homme-Dieu, qui ſignaloit ſes courſes dans ſa patrie, par les bienfaits dont il combloit ſes compatriotes : *Pertranſiit bene faciendo ?*

Hé ! quel autre bien, quel plus grand bien peut faire, ſur la terre, l'homme qui voit ſa patrie attaquée injuſtement & menacée de périr ſous le joug d'une honteuſe ſervitude ? Quel plus grand bien peut faire l'homme alors ſur la terre, dans ſa triſte patrie, que de s'y dévouer, que de ſacrifier corps & biens

à ſa défenſe & à ſon ſalut, par l'exercice de la profeſſion militaire contre ſes
ennemis ? Oui, l'homme vertueux &
chrétien, non-ſeulement croira pouvoir ou devoir, autant qu'un autre, ſe
conſacrer à la profeſſion militaire, mais
il le croira plus que tout autre ; on oſe
le dire, il le croira ſeul raiſonnablement : & la ſupériorité de ſes motifs
produiſant celle de ſes moyens, non-
ſeulement il pourra faire la guerre lici-
tement, mais encore, toutes choſes
égales d'ailleurs, il la pourra & la de-
vra faire ſupérieurement.

En effet, on peut ſupoſer les paſſions
deſtructives de la ſociété enchaînées
juſqu'à certain point par le régime &
la police des états. Quoique les principes de la vertu & de la religion ſoient
toujours des nœuds éminemment ſu-
périeurs à tous autres, même dans les
plus petits objets ; on conçoit comment
les particuliers d'un état peuvent ſans
ſes principes être amenés, moitié de

gré & moitié de force, à faire les uns aux autres le sacrifice de plus ou moins de leurs biens & de leurs commodités, en vue d'une ceſſion réciproque, & d'une utile compenſation, telles que les leur promettent l'ordre & les loix de cet état. Mais la guerre... Aller à la guerre, faire la guerre pour les autres, quand on n'eſt pas foi-même attaqué ? C'eſt autre choſe.

Pour peu qu'on réfléchiſſe ſur ce qu'on va quitter, ſur ce qu'on va chercher, lorſqu'il s'agit d'aller franchement à la guerre & de faire campagne ; pour peu qu'on ait quelqu'idée de la guerre, de ſes fatigues, de ſes travaux & de ſes périls, dans le cours d'une campagne férieuſe ; on ſe convaincra, tout conſidéré, que, quelque raiſon qu'on ait d'employer au befoin tout autre motif, il n'y a que les principes & les ſentimens de vertu & de Religion qui les puiſſent faire habituellement braver de fang froid, hors le cas d'une indiſpenſable néceſſité pour ſoi-même. On reconnoîtra que cette défenſe d'autrui, dont on feint de croire incapable l'homme vertueux & chrétien, eſt telle qu'elle répugne eſſentiellement à tout autre qu'à lui, & que nul autre ne peut s'en acquitter d'une maniére auſſi digne, qu'en ſuivant auſſi fidèlement ſes principes, & en adoptant les ſentimens qui en réſultent. Leur ſeule indication porte preuve pour quiconque n'eſt pas aveuglé par le préjugé contraire, & n'a pas pris contr'eux de ſecrets engagemens.

Nous connoiſſons la charité de Dieu à notre égard, dit l'Apôtre S. Jean, en ce qu'il nous aima juſqu'à ſe livrer pour nous à la mort ; & nous ne pouvons mieux imiter le ſublime excès de cette charité divine, qu'en nous faiſant un devoir de mourir au beſoin pour nos freres ; car nul ne ſçauroit avoir une charité plus grande que celle qui va juſqu'à donner ſa vie pour les ſiens : *In hoc cognovimus charitatem Dei , quoniam ille animam suam pro nobis posuit ; & nos debemus pro fratribus animas ponere ; majorem enim hâc dilectionem nemo habet , ut animam suam ponat quis pro amicis.* Tel est à la fois l'abregé sincére & le parfait complément des loix du Christianisme. Dans les sentimens qui en résultent nécessairement pour le militaire qu'il avoue , non les Bataillons en marche contre lui , loin de l'épouvanter , ne feront qu'enflammer son courage & redoubler l'ardeur de ses transports, en lui offrant l'occasion de fondre lui-même sur eux : *Si consistant adversum me castra , non timebit cor meum ; si exurgat adversum me prælium , in hoc ego sperabo.* Est-il des ames de cette trempe , dans tous autres principes raisonnés ?

En effet , qu'on supose , comme nous faisions ci-devant , un peuple voisin , allié ou compatriote , courbé sous la glaive d'un ennemi furieux & prêt à l'immoler au gré de son caprice , après

mille affronts , aprè, mille outrages.
Qu'on fe peigne à l'efprit un moment,

> Des murs que la flamme ravage,
> Des vainqueurs fumant de carnage,
> Un peuple au fer abandonné ,
> Des meres pâles & fanglantes ,
> Arrachant leurs filles tremblantes
> Des bras d'un foldat effréné , &c.

Qu'on fe figure le défefpoir de ces dernieres, confternées moins encore de la perte de leurs fortunes, de leur liberté, & du péril même de leurs vies, que du danger de leur honneur & des perpétuelles entrevues de l'oprobre ; qu'on prête l'oreille aux cris plaintifs, & aux pitoyables accens de leur douleur & de leur defefpoir ; qu'on les entende d'une voix entrecoupée d'amers fanglots, reclamer la foi, invoquer le fecours de leurs parens, de leurs amis, de leurs divers alliés.

Sans doute un premier mouvement, refte de l'ancien inftinct de la juftice & de la bonté originelles, fera compâtir à leur malheur, & donnera l'idée , l'envie même de les secourir. Mandeville émeut, dit Rousseau, par la seule image d'un homme enfermé dans une tour, qui aperçoit au-dehors une bête féroce, arrachant un enfant du sein de sa mere, brisant sous sa dent meurtriére ses foibles membres, & déchirant de ses ongles les entrailles palpitantes de cet enfant. Telle est encore la force de la pitié originelle; tel est le mouvement de l'ancienne nature, antérieure à toutes les réflexions de la nature corrompue. Mais ces réflexions de la nature corrompue ne surviendront que trop-tôt.

Que l'homme emprisonné cesse de l'être, qu'il puisse partager les périls dont la vûe l'émeut, qu'il se voie menacé d'en être la victime; il y a trop à parier qu'un prompt retour sur lui-même va bientôt simplifier l'objet de ses agitations. Il plaindra toujours le triste sort de la mere & de l'enfant; mais s'il n'a l'assurance d'une force majeure contre l'animal furieux, s'il croit dans fa frayeur ne lui pouvoir arracher fa proie qu'au rifque évident de la fupléer, c'eft autre chofe. Il continuera, il redoublera, fi on veut, fes plaintes ; mais la prudence ne lui permettra pas d'en exhaler la compatiffante amertume, fi ce n'eft de loin.

Quelles que foient donc les vives & juftes inftances du peuple opprimé, pour accélérer , pour précipiter, en proportion de fon extrême befoin, les fecours qu'il implore ; on le demande aux perfonnes fincéres : qui naturellement fera preffé de s'y rendre, quand on penfera de fang froid , quand on réfléchira qu'il ne s'agit pas de moins que de quitter les tranquilles foyers de la maifon paternelle , fes biens, fes proches, fa femme , fes enfans, fes amis, pour aller, comme on dit vulgairement, fe faire caffer bras & jambes, emporter la tête ou charpenter le corps , de cent hideufes & cruelles ma-

niéres ? Qui des alliés ou des nationnaux, éloignés de l'ennemi, s'empref-
fera naturellement d'aller réfréner fa
rage, à fes propres rifques, dangers
& périls perfonnels, quand une prompte
fuite, une neutralité indolente, ou un
hommage anticipé, peut lui affurer
avec la vie, la tranquille jouiffance de
plus ou moins de fes biens, aux dépens
de qui il appartiendra ?

Quand même le Citoyen d'une frontiére opofée à celle que l'ennemi ra-
vage, auroit à craindre que, fans aucun
accommodement, cet ennemi franchif-
fant enfin tout efpace intermédiaire,
ne vint à pénétrer jufqu'à lui, & à l'attaquer en perfonne ; c'eft le pis aller,
dira-t'il, & Alors comme alors, felon
le proverbe ? En attendant, qu'on crie
tant qu'on voudra, aux armes contre
l'ennemi. Hé ! que m'importe à moi,
dira naturellement le Pauvre comme
l'Ane de la Fable ? Vienne, s'il veut,
l'ennemi, vienne qui voudra : *Quid re-*

ſert meâ cui ſerviam , clitellas dum por-
tem meas ?

Me fera-t'on porter double bât , double charge ?

Quant au Riche , on pourra riſquer alors à ſe faire tuer , s'il le faut , dira-t'il auſſi naturellement , il en ſera toujours tems ; on aura du moins vécu juſques-là. N'y auroit-il pas , ſelon lui , de la fureur & de la frénéſie à courir maintenant à la mort , de peur de mourir dans la ſuite ? *Num furor eſt ne moriare mori ?* On abandonne pour la vie, qui ne ſe perd qu'une fois, des biens dont la perte & le recouvrement peuvent être réitérés cent fois. Jamais on n'a fait raiſonnablement le ſacrifice de ſa vie pour aucun autre des biens du monde ; & il eſt évident que, les principes de vertu & de religion mis à part, il ne ſçauroit y avoir aucun intérêt à mourir pour autrui.

De cette maniére, les divers membres de l'Etat s'accordant à s'abandonner l'un l'autre, s'accorderont comme

sans y penser , à se donner mutuellement des fers , & à se livrer tous avec
l'Etat même, au pouvoir arbitraire de
l'ennemi. Naturellement] parlant , ils
auront chacun leurs raisons : car enfin ,
pourra dire chacun comme le perfide
Caïn , suis - je le gardien de mon
frere , moi ? Le suis-je de mes voisins ?
Pourquoi prolongerois-je leurs jours ,
aux risques & aux dépens des miens ? *Cui
bono ?* Que m'en reviendra-t'il ? Hé ! que
m'importe ce que deviennent les autres ? L'essentiel est pour moi de vivre , & de vivre le plus heureux qu'il
se puisse.

Tel est le sentiment d'Achille même , revenu de l'enthousiasme de la
gloire , & rendu aux suggestions de la
raison naturelle.» Hé ! que m'a fait à moi
cette Troye où je cours ? Pourquoi
viens-je m'exposer ainsi nuit & jour aux
plus grands périls & à la mort ? Les
Troyens ne m'ont point offensé personnellement ; ils n'ont ni ravagé mes

terres, ni enlevé mes troupeaux; trop de montagnes, de forêts & de mers nous féparent, pour que j'aye avec eux aucun démêlé perfonnel ; & je ne fuis venu que pour foutenir l'honneur & venger l'affront d'autrui. Je fuis bien bon d'expofer ainfi ma vie pour les au‑tres dans les alarmes & les combats : mais je fuis las d'être dupe, ç'en eſt fait. Tous mes defirs ne tendent plus qu'à mener une vie tranquille, & à jouir avec une femme digne de moi de la fortune que m'a donnée le ciel. La vie eſt d'un prix que rien n'égale ; tous les tréfors de l'univers ne lui font pas comparables : ils peuvent s'acquérir de plufieurs maniéres ; mais quand no‑tre ame a une fois abandonné notre corps, elle ne revient plus l'animer ».

Sur ces principes de la nature & de la raifon, laiffées à elles‑mêmes, & que n'a point épuré la Religion, à quoi bon, peut‑on dire en effet, à quoi bon quitter la libre fécurité de fes Pénates,

la tranquille aifance d'une honnête mé-
diocrité, le féduifant éclat des jeux &
des ris d'une opulente jeuneffe, pour
aller à deux ou trois cens lieues d'une
tendre époufe, d'une famille aimable,
& d'amis peut-être plus chers, fe faire
hideufement mutiler & maffacrer en
détail, avant de recevoir enfin le
coup mortel ? A quoi bon ces étran-
ges & affreux facrifices des diverfes mo-
difications de fon bien-être & de toute
fon exiftence, fans fruit quelconque,
ni aucun efpoir de retour perfonnel ?

Cherchez - vous dans l'armée quelqu'un pour un coup de main, qui l'expofe à une mort prefque certaine ?
Adreffez-vous à ce Spadaffin défefpéré
par le coup fatal du fort qui vient de
le ruiner, & de vouer le refte de fes
jours à l'oprobre & à la miféte. Dans
le tranfport de fa fureur, la vie lui eft
à charge ; il brave la mort ; il défie
l'enfer. Lancez-le aux plus épais bataillons de l'ennemi, il y va faire rage ;

il va, s'ils fe trouvent en fon chemin,
heurter bombes & boulets. Mais hâtez-
vous, précipitez l'ordre, avant que la
rencontre d'une carte ou d'un dez moins
ftérile faffe luire à fes yeux quelqu'efpoir de gain, quélque prochain retour
de chance & de fortune ; car alors, revenu de l'accès de fon délire, ce foux
n'eft plus le vôtre. Cherchez ailleurs,
dira-t'il, quelque défefpéré qui foit las
de vivre, & preffé de mourir : *Eat eò
quò vis qui zonam perdidit.*

Des perfuafions vives & de fortes
paffions parurent quelquefois exercer
le fouverain empire de la vertu & de
la religion ; elles ont exalté jufqu'au
plus fublime dégré, la brûlante ardeur
de l'enthoufiafme & du fanatifme patriotiques & religieux. Cela eft vrai ;
mais ce font comme des médailles fauffes ou de fauffes monnoies, dont le
cours hafardé ne fe foutient qu'en l'ab-
fence de toute autre médaille réelle ou
efpéce de bon aloi. Ce font des ombres

ſubſtituées au défaut de la réalité, à laquelle on ſent que leur pouvoir rend hommage : encore doit-on craindre inceſſamment qu'un coup d'œil éclairé ne détruiſe le preſtige , n'éclipſe le fantôme , & ne ſubſtitue aux tranſports de la confiance & de l'eſpoir , la ſtupide inaction d'un découragement total.

Les vues d'intérêt & les perſpectives de l'ambition , qui, comme les vaines fumées de la gloire , peuvent quelquetems éblouir , cédent également toutes enfin aux pâles ombres de la mort. Aux ſombres lueurs du flambeau funebre , tombe à l'inſtant & pour jamais diſparoît l'illuſion des penſions , des charges, des dignités , des décorations & autres ſpécieuſes récompenſes qui ſembloient de loin pouvoir conſoler & dédommager ces Militaires expirans ſur un lit de douleur, étrangers au doux témoignage & au conſolant eſpoir de la vertu & de la religion.

Mais au moins, dira-t'on, leur mort

fera glorieufe, on en parlera. J'entends ; mais fur la multitude prefque infinie des guerriers qui, dans tous les lieux & dans tous les fiécles ont prodigué leur fang & leur vie, Combien en eft-il dont on ne vante ni ne connoît les exploits, dont on ne fçait pas même les noms ? *Vixere fortes ante Agamemnona multi*, &c. Dans toutes les guerres qui fe font même en Europe, de nos jours & fous nos yeux, combien de Militaires fouffrent & meurent en héros, fans qu'on penfe feulement à eux hors de leur préfence, & fans qu'on fçache ailleurs s'ils exiftent ? Mais fupofons qu'ils foient tous célebres & illuftres, que leur exiftence intéreffe, que leurs dangers allarment l'empire & tout l'univers : hé bien, qu'en fera-t'il ? Ils vont tous,

De leur folle valeur embellir la gazette.

De leur folle valeur ! Quelle épithéte dans la bouche du Poëte de la Raifon! En effet, quoi qu'on dife d'eux où ils ne font pas, ils font tourmentés où ils font.

Hé , pleins de ce fentiment douloureux ,
combien fe font écriés dans la cruelle
amertume d'un impuiffant defefpoir :

O fol amour d'une vaine fumée !

Alors , dans le vrai , qu'eft pour eux
toute la gloire du monde , autre chofe
qu'une fumée , qu'une vapeur , qu'un
fonge ?

Le deffein d'éternifer ainfi fa gloire
par fa mort , eft un enthoufiafme qui
ne foutient point la réflexion. Aux premiers rayons de fa lumiére , on reconnoît avec l'auteur du livre des Mœurs ,
combien c'eft trop faire pour la fortune , que de lui facrifier fa fanté , fon repos , fa femme & fon ami : combien
il eft monftrueux de verfer , avec le fang
des autres , fon propre fang , pour af-
fouvir fon avarice & fon ambition , ou ,
qui pis eft encore , celle des autres. Otez
la folide perfpective du prix célefte
qu'affure à la vertu pour jamais la religion , il n'y a point de Roi mourant qui
ne voulût être le dernier de fes fujets ,

& recommencer à vivre; il n'y a point de si misérable esclave qui voulût échanger sa fortune avec celle de ce Roi qui n'auroit plus qu'un quart-d'heure à vivre.

On sçait la façon de penser du fameux Courtisan d'Auguste, image de tant d'autres :

Debilem facito manu,
Debilem pede, corá ;
Tuber alstrue gibberum ;
Lubricos quate dentes :
Vita dum superest, bene est.

C'est-à-dire, à peu près comme le traduit la Fontaine : » Qu'on me rende impotent, cul de jatte, goutteux, manchot, &c., pourvû qu'en somme je vive, c'est assez. Mais ne viens jamais, ô mort » ! Il est cent autres maximes semblables, passées en proverbe, parce qu'elles sont puisées dans la nature des choses, & qui reviennent plus ou moins à ce mot du Sage, Roi d'Israël : *Melior est canis vivens leone mortuo ;* c'est-à-dire, équivalemment :.

Mieux vaut Goujat debout qu'Empereur enterré.
Lion mort ne vaut pas moucheron qui respire, &c.

Il ne sert de rien d'avancer qu'au défaut des principes & des sentimens de vertu & de religion, on peut substituer ce qu'on nomme fastueusement la raison éclairée, la philosophie. S'il s'agissoit ici de la vraie philosophie ou de la saine raison & de la véritable sagesse, leurs principes & leurs sentimens sont les mêmes que ceux de la vertu & de la religion. Xénophon, Epaminondas ne furent pas moins de grands Capitaines que de grands philosophes. Socrate, l'oracle de l'ancienne philosophie, qu'un sçavant moderne révéroit comme un Saint du Christianisme naturel, ne fut pas moins un modèle pour la profession militaire, de tous les tems.

Mais s'il s'agit ici de la philosophie du siécle, dont la mode, quoique surannée, paroît devoir durer d'autant plus qu'elle est plus favorable aux passions, & les délivre de tout frein ; s'il s'agit de cette philophie qui fait profession de méprifer non-feulement les fuperfti-tions, les préjugés & les opinions vul-gaires (ce qui pourroit ne lui faire qu'honneur) mais encore les idées, les notions, les doctrines & les vérités com-munes, fpécialement celles de la vertu véritable & de la vraie religion : cette efpéce de philofophie, loin d'être utile à la profession militaire, lui eft fpé-cialement funefte.

» Il eft, dit Rouffeau même, un dé-gré d'abrutiffement qui ôte la vie à l'a-me, c'eft l'irreligion. La voix intérieure, le célefte organe de la Vertu ne fe fait point entendre à l'impie, dont l'ame cadavéreufe eft concentrée & croupit dans le ventre. L'oubli de la religion conduit à l'oubli des devoirs de l'hom-me, & joint les mœurs d'un gueux à la morale d'un athée. Le méchant fans religion eft abîmé fans retour dans le gouffre de la fcélérateffe ». Qu'attendre d'un tel homme ? Quel facrifice ofer s'en promettre pour la patrie, à moins de le supofer, ou d'être foi-même abfurde ?

» Je ne crois pas, dit le fage Adiffon, que je puiffe me confier à un homme qui ne croit pas qu'il y ait un ciel à efpérer, ou un enfer à craindre , des récompenfes ou des peines avenir. Nonfeulement l'amour-propre , mais auffi la raifon nous dicte que nous devons préférer notre intérêt à toute autre chofe. Un vrai chrétien ne peut jamais avoir intérêt à me faire du mal , perfuadé qu'il doit un jour rendre compte de fes actions, & qu'il en fouffriroit lui-même. Au contraire , s'il veut travailler à fon bonheur, il tâchera de me rendre toutes fortes de bons offices. Mais un incrédule, un impie n'agit pas en créature raifonnable, s'il me favorife contre fon intérêt préfent , ou s'il fe fait fcrupule de me faire quelque tort que ce foit , lorfqu'il tourne à fon avantage ; bien loin de m'obliger par le facrifice de ſes biens & de ſon ſang, au riſque preſque certain de périr gratuitement pour moi».

»C'eſt la raiſon, dit encore Rouſſeau, qui engendre l'amour-propre; c'eſt la réflexion qui le fortifie; c'eſt elle qui le ſépare de tout ce qui le géne & l'afflige. Oui, c'eſt la philoſophie qui l'iſole; c'eſt par elle qu'il dit en lui-même, à l'aſpect d'un homme ſouffrant : péris, ſi tu veux ; pour moi je ſuis en ſûreté. L'on peut impunément égorger ſon ſemblable ſous ſa fenêtre, parce que, doué de raiſon & de philoſophie, il n'a qu'à mettre ſes mains ſur ſes oreilles & s'argumenter un peu, pour empêcher la nature, qui ſe révolte en lui, de l'identifier avec celui qu'on aſſaſſine ».

Xénophon obſerve qu'il n'eſt point, dans les armées, de Militaires plus intrépides, & qui craignent moins les hommes, que ceux qui craignent le plus les Dieux. Le jeune Comte de Dhona, Aide-de-Camp du Général

Prussien son pere, dans les guerres d'Allemagne, avoit récemment fait une remarque analogue, lorsqu'au retour d'une campagne sanglante, il assura le célébre Gellert, que le vrai courage & la valeur héroïque dans les combats, avoient pour principe une bonne conscience & la confiance en Dieu ; & que les esprits forts étoient les créatures du monde les plus lâches un jour de bataille. En effet, ils sçavent le prix des choses ; ils n'iront point exposer leurs biens, leur sang & leur vie, au risque de tout perdre, pour des riens.

Si, comme l'enseignent & voudroient le croire nos prétendus esprits forts, tout finissoit à la mort, sans qu'il fût ni pour les bons ni pour les méchans, aucune autre vie à craindre ou à espérer. » Homme de bien, demande Young, que deviennent ta confiance & ta joie ? Tu te crois sage, tu n'es qu'un insensé : arrêtes, s'écrient chez cet auteur la raison & la philosophie, à tout militaire

incrédule

incrédule & fans principes de vertu &
de religion , brave citoyen , ou plutôt
étourdi , téméraire, où vas-tu ?...Dé-
fendre ma patrie, & mourir pour elle.
Oui, fi tu te crois immortel, tu peux
alors être brave, fans ceffer d'être raifonnable ; j'aprouve ton audace, tu peux
affronter la mort, puifque tu fçais que
tu ne peux mourir. Mais fi tu perds
tout avec ta vie , ton courage me fait
pitié ; reviens , reviens vivre en lâche ,
plutôt que de mourir en infenfé.

» Un incrédule hardi, qui , animé par
l'orgueil, par l'exemple , par l'amour
du gain , celui des honneurs, ou par
le defir de la vengeance, court perdre
fon être, & fe détruit par foibleffe, eft
de tous les foux le plus extravagant. Mal-
heureufe victime d'une brillante chi-
mére ; laiffe ta patrie s'abîmer , & faifis
pour toi même une planche qui te fau-
ve de fon naufrage. Ma patrie, mon roi
m'ordonnent de mourir... Et que t'im-
portent ta patrie & tes rois, fi toutes

tes espérances s'écoulent avec ton sang?
Qui que ce soit qui te commande de le
verser sans te payer ; laisse-là ses ordres
cruels & absurdes , désobéis; conserve
ton être , trahis plutôt ton pays : périsse
le genre-humain, si sa ruine peut ajouter à notre bonheur ».

Vainement pour intéresser le philosophe moderne à la voix de l'honneur
& à celle de la patrie qui demandent
qu'il expose ou qu'il sacrifie ses biens
& son sang , ferez-vous retentir d'avance
à ses oreilles les cent bouches de la renommée , occupées à chanter ses exploits, à vanter sa mort héroïque ? En-
vain ferez-vous d'avance briller à ses
yeux , l'éclat des lauriers teints de son
sang & la gloire de son trépas rejaillis-
sans jusque sur la postérité la plus recu-
lée?Sa réponse est prête.Si mes idées, dit-
il, périssent avec mon corps , comment
pourrai-je être sensible aux honneurs
qu'on rendra à mes restes inanimés ,
aux éloges qu'on me donnera quand je

n'exifterai plus ? Je ne puis immortali-
fer mon nom que par de grands facrifices de l'intérêt perfonnel, par de grandes difficultés furmontées, par le mépris des charmes d'une vie douce & vo-
luptueufe: & pour cette immortalité,
fantôme leger qui s'échape, exiftence imaginaire qui difparoît au ré-
veil de la raifon, je renoncerai à des
avantages réels & prefens, & je facri-
fierai ma vie, c'eft-à dire, tout mon
être! Ah! je fuis trop bien inftruit par
la philofophie, pour faire un échange
de réalités contre des chiméres.

Que lui importe à lui cette poftérité
dont les jugemens ne l'affecteront pas
après fon trépas ? Achetera-t'il par des
biens réels dont la perte eft irrépara-
ble, quelques éloges qui ne parvien-
dront pas jufqu'à lui, & qui fe perdront
bientôt dans la nuit des tems, parmi cette foule d'autres qui s'y engloutiffent
tous les jours! L'homme fage fçait cal-
culer: des fiécles d'une renommée fan-

tastique ne valent pas un moment de plaisir réel. Bien fou seroit aux yeux de l'incrédule qui voudroit s'immortaliser aux dépens de tout ce qu'il a de plus cher. C'est dans une indifférence tranquille & une heureuse apathie qu'il savoure les délices d'une vie qui fait son seul bien ; laissant à d'autres la démence de semer là où ils ne recueilleront jamais. Hé ! puisse la moderne philosophie ne multiplier ces Sages que dans les armées de nos ennemis !

Di meliora piis, erroremque hostibus illum !

Qu'on y prenne garde , comme toutes les autres vertus même civiles & sociales , la vraie valeur, la discipline & l'esprit militaires s'éteignent dans une Nation en raison des déclins de la vertu & de la religion , ou des progrès , du libertinage & de l'irreligion ; le Philosophe moderne (puisque ce nom est attribué , on ne sçait trop pourquoi , à l'incrédule & au libertin) fût-il courageux par tempérament, devient par principes lâche & poltron , sans qu'aucun motif puisse ranimer dans son cœur flétri , dans son ame froide & glacée , le feu sacré du génie & de l'héroïsme patriotiques.

Que deviennent & que m'importe à moi , dit sans détour l'Auteur du Dictionnaire intitulé Philosophique , que deviennent & que m'importe l'humanité , la bienfaisance , la modestie , la tempérance , la douceur , la sagesse , la piété , &c. , tandis qu'une livre de plomb tirée de six cens pas me fracasse le corps , & que je meurs à 30 ans , dans des douleurs inexprimables , au milieu des cris de cinq à six mille mourans ? Voilà en effet le langage que tiennent à qui les consultent , la moderne philosophie , la nature & la raison dépravées , laissées à elles-mêmes , telles qu'elles dominent tous les hommes en qui les principes & les sentimens de vertu & de religion n'ont pas redressé l'une & l'autre. Encore une fois , nul

être de l'univers ne sçauroit vouloir sa
destruction gratuite , & ne donne ses
biens , son sang & sa vie , sans espoir
d'un retour & d'un intérêt que peuvent
seules assurer la vertu & la religion.

Les institutions & les loix humaines les
plus vantées & les plus puissantes , ne
font ici rien seules, ou ne font au plus ,
selon la pensée d'un ancien Philosophe ,
que des toiles d'araignées , dont les fils
enlacent & embarrassent quelques legers moucherons , mais dont les guê-
pes & autres insectes plus forts percent
& bravent le frivole tissu. Les loix sacrées
de la Religion ont sur les hommes un
tout autre empire. Vous avez beau , dit
un auteur , lier la volonté au devoir ,
elle n'y tiendra jamais bien , si vous ne
l'y enchaînez par la conscience ; & le
nœud le plus puissant de la conscience ,
c'est la religion. Senéque observe nommément que le premier & le plus fort
lien qui puisse retenir les Militaires at-
tachés à leur profession , malgré l'expé-

rience ou la connoiſſance de ſes fatigues
& de ſes dangers, c'eſt la conſcience &
la religion qui font un crime de la
déſertion : *Primum militiæ vinculum eſt*
relligio & deſerendi nefas. Tout autre lien
peut être rompu & éludé ; celui-là ſeul
eſt indiſſoluble.

Anéantiſſez ce vif eſpoir d'une heureuſe immortalité , & cherchez qui
veuille ſe dévouer aux fatigues , aux travaux , aux périls & à la mort pour le
ſalut de la patrie. Vous chercherez
long-tems , vous chercherez en vain.
Tout autre motif ne vous ſçauroit faire
trouver que des dupes & des inſenſés,
dit fort bien Ciceron : *Nemo unquam ſine*
magnâ ſpe immortalitatis , ſe pro patriâ
offerret ad mortem ; quâ quidem ſpe demp-
tâ , quis tam eſſet amens ut ſemper in la-
boribus & periculis viveret?

Auſſi , par un de ces aveux contradictoires, que ſemble ſouvent arracher à
Rouſſeau la force de la vérité, ce Philoſophe enſeigne expreſſément qu'il eſt

des articles de foi fans lefquels il eft impoffible d'être bon citoyen ni fujet fidèle : tels font l'exiftence de la divinité & fes attributs, puiffance, intelligence & providence ; la vie à venir, le
bonheur des juftes & le châtiment des
méchans.

Cœfar plaidant pour Catilina, & tâ-
chant d'établir le dogme de la mortalité
de l'ame, parloit en mauvais citoyen,
dit Rouffeau, & avançoit une doctrine
pernicieufe à l'Etat, comme le montré-
rent Caton & Cicéron. Le Prince, fans
pouvoir obliger perfonne à croire ces
dogmes & articles de foi (ce que
homme fenfé ne tenta jamais) peut
bannir de l'Etat quiconque ne les croit
pas, comme infociable, comme incapable d'aimer fincérement les loix, la
juftice, & d'immoler fa vie à fon devoir. Rouffeau ajoute que, fi quelqu'un
après avoir reconnu publiquement ces
dogmes, fe conduit comme ne les
croyant pas, il doit être puni de mort.

Cette maxime eſt d'un zèle outré. La religion ne l'adopteroit qu'avec quelque gloſe ou tempéramment, que M. Rouſſeau lui-même ne tarderoit pas à reclamer dans la pratique. Sans pouſſer le zèle ſi loin, Locke reproche à Bayle, dans les Dialogues du Lord Littleton, d'avoir nui infiniment à la ſociété, en jettant des doutes ſur une religion ſainte, qui donne à la vertu les plus douces eſpérances, au vice impénitent de juſtes alarmes, & au vrai repentir les plus puiſſantes conſolations.

Bayle, après avoir inſulté toutes les religions, dit le Préſident de Monteſquieu, voudroit flétrir la religion chrétienne; il oſe avancer que de véritables chrétiens ne formeroient pas un Etat qui pût ſubſiſter. Pourquoi non, répond Monteſquieu ? Ce ſeroient des citoyens infiniment éclairés ſur leurs devoirs, & qui auroient un très-grand zèle pour les remplir; ils ſentiroient très-bien les droits de la défenſe naturelle: plus ils

croiroient devoir à la religion, plus ils
penseroient devoir à la patrie. Oui , dit
l'Auteur de l'Esprit des Loix, les principes du Christianisme, bien gravés dans
le cœur , seroient infiniment plus forts
que ce faux honneur des Monarchies, ces
vertus humaines des Républiques , &
cette crainte servile des Etats despoti-
ques. La religion chrétienne , ajoute-
t'il , non - seulement a pour objet la
félicité de l'autre vie, mais elle fait encore notre bonheur dans celle-ci.

Qu'on n'allegue point qu'il est dans
la profession militaire des Gens sans
principes ni sentimens de vertu & de
religion, qui cependant provoquent les
dangers, & bravent la mort même. Il est
trop vrai qu'on trouve dans la profession militaire , comme dans toute autre, par le malheur des tems, des gens
qui semblent sans principes de vertu &
de religion ; soit qu'ils en ayent étouffé
le germe, soit plutôt qu'ils l'ayent seulement négligé , gardant au moins en

ce dernier cas, l'avantage précieux de pouvoir tôt ou tard y être rapellés. Mais que ces gens provoquent les dangers de leur profession, y bravent la mort même, & soient de bons militaires : cela n'est rien moins qu'évident. Avant de faire de ces exemples une objection victorieuse, il faut examiner avec soin si ces sortes de braves ont des principes tels quels ; & si, conséquemment à leurs principes mêmes, leur conduite n'est pas plutôt folle que sage ; c'est-à-dire, s'ils connoissent & envisagent, dans toute leur étendue, les dangers auxquels ils s'exposent, & s'ils les bravent à jeun & de sang froid, avec une résolution bien déterminée en conséquence de leurs principes.

Il est bon de constater encore si leurs succès prétendus sont le fruit de leur valeur & de leur conduite ou de leur habileté, plutôt que de l'ignorance & de la foiblesse ou de la lâcheté de leurs adversaires.

Tel qu'on nous vante dans l'histoire,
Doit peut-être toute sa gloire
A la honte de son rival.

Combien de fanfarons, vainqueurs par
mille effets du hasard, perdirent dans
l'action cœur & tête, & n'eurent de force
que pour manifester leur foiblesse? Combien pâlirent d'effroi, à la seule vue de
l'ombre des arbres qu'ils prirent, dans
l'étourdissement de la peur, pour celle
des ennemis ? Combien pressentirent les
frissons de la mort au léger bruit de la
chûte ou de l'agitation des feuilles, comme ils auroient fait au fracas meurtrier
de l'artillerie ? Combien traiteront ces
exemples de contes hyperboliques, &
de ridicules chiméres, qu'on sçait avoir
donné en effet dans des méprises plus
absurdes?

Vous vous agitez, dit un philosophe
du siécle dernier à tel de ces gens, vous
vous agitez & vous vous donnez un
grand mouvement devant une ville,
après qu'elle a capitulé, ou lorsque les
ennemis ont pris la fuite & que la vic-

toire n'est plus douteuse... Votre valeur
seroit-elle fausse ? Ces gens se croyent
braves, continue la Bruyere, tout fiers
d'avoir assisté à la guerre, tandis que
d'autres l'ont faite ; ils se croyent braves, & au retour d'une campagne, ils
en triomphent ; ils font à ce sujet cent
contes, & taisent seulement la vérité,
qu'ils ont eu peur.

Il en est pourtant qui, sans avoir
seulement pensé qu'il fut ou qu'il soit
des principes quelconques, ne laissent
pas quelquefois de se bien battre, &
d'aller tête baissée affronter les plus
grands périls & la mort même. Mais,
n'est-ce pas précisément parce qu'ils y
vont tête baissée & sans oser ou pouvoir fixer le péril & la mort ? En vain
donnant ou recevant la mort comme
à titre d'office, de prétendus braves se
vantent de la mépriser. Dans la chaleur
& l'enthousiasme de leur faux héroïsme, ils ne la connoissent pas la mort,
ils n'y pensent même pas. Comment la

mépriseroient-ils ? L'œil ouvert & de
sang froid, devenus grabataires, ils fré-
missent ; on les voit, à la seule annonce,
au seul bruit de ses aproches. Ainsi ver-
roit on l'Aveugle, tranquille entre des
monstres, au seul aspect desquels, s'il
n'étoit aveugle, il seroit pétrifié. Oui,
dès qu'on y voudra penser sérieusement,
on se convaincra que la mort, loin de
rien avoir d'attrayant pour la nature,
n'a rien au contraire que d'effrayant. Naturellement on ne hait point la vie, on
n'aime point la mort. La mort est en
elle-même, dit fort bien Paschal,
odieuse, cruelle, détestable, l'horreur
de la nature qu'elle détruit.

Montrez-moi un danger que je croye
prochain & réel, disoit ce Général An-
glais dont on admiroit l'intrépidité, &
pour lors j'aurai peur comme un autre. Cet aveu est d'une franchise noble
& sensée. Il n'y a que de la sottise & de
l'impertinence dans les paroles de ce
Commandeur Portugais, qui se van-

toit de n'avoir jamais rien craint dans
la vie, & dont Charles Quint dit fort
à propos, qu'aparemment ce fanfaron
n'avoit jamais mouché une chandelle
avec les doigts, parce qu'il auroit craint
de se brûler. L'exemption de toute
crainte à la vue des plus grands périls,
n'est rien moins que bravoure, intrépidité, valeur ; c'est, dit Aristote, qui
l'impute aux Gaulois de son tems, une
forte d'insensibilité qui n'a point de
nom propre. On peut l'apeller, dit le
Philosophe instituteur d'Alexandre, ab-
sence ou défaut d'esprit & de sentiment,
espéce d'yvresse, de stupidité ou de folie ; & ces étourdis venant à sentir enfin
le danger où ils ont couru se jetter sans
le connoître, s'en effrayent souvent plus
que les autres, & ne se distinguent plus
que par la honteuse précipitation de
leur fuite, dès qu'ils y voyent jour :
Qui metûs vacuitate audax est, caret is
nomine, sed apellari poterit vel insanus
quidam vel doloris expers ; quales & ebrii

funt , periculum ante adire geftientes , in
ipsô fœpe tardiores & refugientes.

Il n'eft , dit Montaigne , aucun homme , quelque bravoure qu'on lui fupofe , qui ne fe fente ému par la vue d'un danger évident ; quand la valeur même feroit incarnée, le poulx lui battroit plus fort allant à l'affaut qu'en allant dîner. Et vous fembleroit-il , demande Xénophon , qu'il fût fort avantageux dans les dangers de ne point apercevoir qu'on y eft expofé ? Il s'en faut , certainement. Ainfi , ceux qui ne font point épouventés parce qu'ils ne voient pas le danger , ne font rien moins que braves ; autrement il y auroit des foux & des lâches mêmes qu'il faudroit mettre au rang des braves. Les vrais braves font ceux qui fe montrent tels , dans les occafions qu'ils fçavent être périlleufes.

Courir à la mort fans avoir la moindre impreffion de fenfibilité , c'eft plutôt brutalité qu'héroïfme. S'expofer de fang froid à mourir pour les autres , &

ſentir le prix de ſon ſacrifice, voilà l'héroïſme ; & il ne ſçauroit exiſter que
dans les principes de la vertu & de la
religion. On voit, il eſt vrai, des criminels paſſer nonchalament entre les
mains de l'éxécuteur, comme de ſtupi-
des pourceaux entre les mains du bou-
cher ; quelques-uns même ont paru ſe
rire de la mort. De nos jours, dit le
Duc de la Rochefoucault, Paris a vû un
laquais danſer nud ſur l'échaffaut avant
d'y être rompu vif. Seroit ce donc que
ces miſérables (dont un fanatiſme en délire a ſans pudeur comparé tel à Socrate) ſeroit-ce que ces miſérables ſur-
montent l'horreur naturelle de la mort ?
Tant s'en faut ; mais c'eſt qu'en effet
leur eſprit très-borné, & leur cœur éni-
vré par le crime, les ont rendus incapables de ſentir ou d'apercevoir le prix
de la vie.

Celui qui feint d'enviſager la mort
ſans effroi, dit Rouſſeau, eſt un menteur.
Tout homme craint naturellement de

mourir , c'eſt la grande loi des êtres
ſenſibles ; & afficher l'indifférence rai-
ſonnée à cet égard , n'eſt qu'un ſot menſonge & une impudente forfanterie.
Tel , dit l'Auteur déja cité des Mœurs ,
ſe croit intrépide , & tranche du Héros ;
ce n'eſt qu'un ſcélérat , qu'une fureur
brutale aveugle. Il s'étourdit ſur le péril plutôt qu'il ne le mépriſe ; il ſuc-
comberoit lâchement s'il oſoit le conſidérer. Un méchant ne le brave que
faute de le connoître , ou par l'eſpoir
d'en échaper. Qu'on ne s'y trompe
point , dit cet auteur , tout homme ſans
vertu eſt , au fond de l'ame , un lâche
qui n'a , pour ſe défendre de la poltron-
nerie à l'idée de la mort , que l'emportement & la rage , ou une brutale
ſtupidité.

Le militaire ſans Dieu & ſans eſpérance , peut aiſément & doit naturellement quitter la bréche , quand il a plus
de raiſons d'appréhender d'y périr que
d'eſpérer d'en revenir. Le militaire ver-

tueux & chrétien, fait réſolument ſon devoir juſqu'au bout. Quelqu'émotion qu'il puiſſe reſſentir d'abord à titre d'homme, bientôt à titre de chétien, il affronte & brave tout déterminément ; parce qu'à ce titre il ſçait qu'il ne peut rien perdre, qu'il eſt au contraire ſûr & certain de gagner, quoi qu'il arrive, & de gagner immenſément.

La religion, dit Grotius, veut que nous nous expoſions au danger de mourir les uns pour les autres : dira-t'on, demande - t'il, que le droit de nature nous y obligeât ? Non ſans doute, pour peu qu'on veuille y réfléchir, & être ſincere. Barbeyrac voudroit inſinuer le contraire, en citant des Légiſlateurs payens, qui firent un devoir aux particuliers de ſe ſacrifier au bien du public & de mourir pour la patrie ; mais il ne peut juſtifier ces loix & ces ordonnances que par les motifs qu'offre à la vertu la religion, c'eſt-à-dire, par l'eſpoir certain d'une vie à venir,

dans laquelle on fera abondamment dé-
dommagé de la perte de celle-ci. Naturellement, encore une fois, ce dévouement & ce facrifice ne font point
du tout du goût de l'amour-propre ; le
fentiment y répugne ; la nature corrompue, qui prévaut fur l'originelle,
s'en indigne ; la raifon elle-même, laif-
fée à fes foibles lumiéres, n'y voit
qu'une folie abfurde, & rend la révolte des fens abfolument invincible à tous
autres principes ou motifs que ceux de
la vertu & de la religion.

La vertu feule, & ce qui fonde la vraie
vertu, la religion, peuvent opofer une
digue affez forte au torrent des paffions
révoltées fous les étendarts & l'aveu tacite de la nature & de la raifon. La vertu & la religion feules, éclairées des
lumiéres de la foi, du flambeau de la
révélation, difent, prouvent & perfua-
dent qu'il eft jufte & bon, qu'il eft noble & grand, qu'il eft vraiment utile
& méritoire, qu'il eft également glo-

rieux & avantageux de ſacrifier dans le beſoin, pour la patrie & l'humanité, richeſſes, honneurs, grandeurs, force, empire, ſanté, jeuneſſe, plaiſir, délices & voluptés ; en un mot, tous les biens, tous les agrémens de la vie, la vie elle-même. Hé pourquoi ?

Parce que, ſelon elles & leurs dogmes fondamentaux, le premier des devoirs & la plus ſublime des vertus, c'eſt la bienfaiſante charité ; parce que Nul ne ſçauroit porter plus loin l'héroïſme de la bienfaiſance & de la charité, que celui qui va juſqu'à ſacrifier ſes biens, ſon ſang & ſa vie pour les ſiens ; parce que tout ce qu'on ſçauroit jamais poſſéder dans la vie, & la vie elle-même, ne ſont en comparaiſon de l'éternité, que des ſonges frivoles, des ombres fugitives, des bagatelles, des riens : parce que tout ce qu'on ſçauroit jamais endurer & ſouffrir, riſquer & perdre dans cette vie, avec cette vie même, n'eſt qu'une gêne paſſagére, le leger malaise d'un moment, en comparaison du poids immense de la gloire, des torrents de volupté, des inénarrables délices, & de l'inconcevable félicité qui doit en être le prix & la récompense éternelle : *Momentaneum & leve tribulationis æternum gloriæ pondus operatur … de torrente voluptatis potabit eos… & calix inebrians quam preclarus est ! … oculus non vidit nec auris audivit nec in cor hominis ascendit quæ præparavit Deus , &c.*

Si l'on peut juger de l'effet par la cause , quelle comparaison de ces objets, de ces motifs surnaturels & célestes , aux fabuleuses rêveries qui animérent l'enthousiasme & le fanatisme le plus puissant ? Quelle comparaison de cette sainte & inaltérable ivresse des joyes , des délices du Ciel, aux tonnes de bierre que les disciples furieux d'Odin se promettoient de savourer dans le crâne sanglant de leurs ennemis ? Quelle comparaison de ces torrents éter-

nels d'une volupté pure , ineffable &
toujours naiſſante , à l'illuſion groſſiere
& momentanée des houris aux yeux
noirs ou bleus dont Mahomet ſçut leu-
rer les ſiens ?

Dans la ferme Foi , le ſentiment
vif & animé du militaire vertueux &
chrétien , Dieu , du haut des Cieux ,
daigna le prépoſer ſur la terre à la garde & à la défenſe de ſon peuple ; dès-
lors , les démons échapés de l'enfer ne
l'attaqueroient pas impunément. Nous
diſions ci-devant que le militaire en général eſt un homme que la loi arme
& oblige particuliérement à tout faire
& ſouffrir au beſoin pour le ſalut de
ſa nation ; mais nous n'avons pû cacher
combien ſouvent cet empire de la loi
eſt foible & borné. On peut définir
le Militaire vertueux & chrétien , non-
ſeulement un homme armé par la loi
pour le ſalut de ſa nation , obligé de
tout faire & ſouffrir pour elle ; mais
encore un homme armé ainſi par le Ciel

même , & qui, chériſſant l'honneur de
cette commiſſion divine, brûlant de la
remplir, tient, ſelon la noble expreſſion de l'écriture, ſon ame ou ſa vie
dans ſa main, également prêt, ſur l'ordre du Prince organe de ſon Dieu, &
à l'expoſer en agneau, & à la défendre
en lion, fuſſe contre une armée.

Ainſi, ſelon le témoignage de Gerſon, » le bon Glaiquin, (du Gueſclin)
diſoit que, quand il aprochoit des ennemis, toute la poitrine lui élargiſſoit
& ſe tournoit comme en cœur & en
courage ». Ainſi, de nos jours, le Marquis de Fénelon, Lieutenant - Général
des Armées, neveu & digne éleve du
grand Archevêque de Cambrai, réduit
par d'anciennes bleſſures à ne pouvoir
plus combattre à pied, dans la ſanglante journée de Rocoux, monte un cour-
ſier plein de feu ; & preſſant encore ſon
ardeur, il vole à la vue des premiers
rangs de l'infanterie, lui faire un rempart de ſon corps contre les traits, ſur

les

les retranchemens mêmes de l'ennemi,
& y reste percé de mille coups, au
comble de ses desirs ; ayant toujours crû
que la fin la plus heureuse que pût
souhaiter l'homme vertueux & chrétien, étoit de remettre son ame à Dieu,
les armes à la main, pour la défense &
le salut de son peuple.

D'après de tels principes, Repréfen-
tons-nous en général le Militaire vertueux & chrétien, aux premiers bruits
de l'invafion & des ravages de l'ennemi. Quittant le paifible féjour, où des
fervices héréditaires diftinguent fa famille, il fe rend fur la place où cent
diverfes nouvelles peignent à l'envi les
mortels dangers. » L'ennemi vient comme la Tempête; fes iniques projets, fes
mœurs féroces effrayent & confternent
tout : déjà dans fon cœur avide, l'injufte
a dévoré nos moiffons ; l'impie a pillé
nos Temples. Ivre de fang & de carnage, il fe fait un jeu, l'infâme, d'affou-
vir fes brutales paffions par des facri-

fices dont la seule idée révolte, & fait à la fois rougir, frémir la pudeur. Qu'allons-nous devenir ? C'est fait de nous, ç'en est fait, s'écrie autour du héros la foule allarmée de ses Champêtres concitoyens ; (car c'est au grand air, sous le ciel libre & pur des campagnes, loin des entraves & de la corruption des villes, que la nature se plaît à former l'ame & le corps des Héros). Ne perdons pas de vue le nôtre.

Livré à l'instinct de l'Honneur, au saint enthousiasme de l'Humanité, on le voit, du geste & de la voix, relever l'espoir abattu des uns, raffermir le courage ébranlé des autres, & s'efforcer de les remplir tous d'une égale confiance en son généreux dévouement pour le salut public. » Allez , mes amis, leur dit-il, avec un front dont l'héroïque assurance leur fait révérer un Ange tutelaire ; paissez comme auparavant vos troupeaux, cultivez vos campagnes ; que les riches productions de vos travaux innocens continuent de faire fleurir l'Etat, d'y ſuſtenter le Pauvre, d'y entretenir dans une aiſance honnête l'Artiſte induſtrieux, le Miniſtre des loix, celui des Autels; & que ſatisfaits de la portion qui leur en échût, tous s'en aplaudiſſent en paix, tous en goûtent à loiſir le délicieux partage entre la compagne que leur donna le Ciel & les tendres fruits dont il couronna leur union.

» Quant à la guerre, perdez-en toute crainte perſonnelle, ſes périls deviennent les miens; j'en vais réunir ſur moi le concours. C'eſt moi que vont avoir pour but les coups & tous les efforts de l'ennemi; mon corps vous ſervira de rempart. S'il doit couler d'autre ſang que celui du barbare, mon ſang mêlé au ſien, conſervera le vôtre; ſes traits s'épuiſeront ſur moi, perceront mon cœur même, avant qu'aucun parvienne juſqu'à vous. Dieu puiſſant des armées, qui m'en inſpirez la réſolution, donnez-m'en la force : me voilà prêt à vous imiter, à souffrir & à mourir victime du salut des miens, ou plutôt des vôtres ! Allez donc , mes amis, consolez-vous , raſſurez-vous , vivez tranquilles & heureux. Votre odieux ennemi vient ; je vais à ſa rencontre, le défier , le combattre loin de vous, & vaincre ou mourir pour vous ».

Uni bientôt aux Braves des diverſes parties de l'Etat qu'anime un même eſprit, & qu'une même ardeur enflamme , il a dévoré avec eux les difficultés de la marche ; déja les armées ſe trouvent à la vue l'une de l'autre. Alors voyez-vous notre Militaire, ſombre & penſif, dans l'attente inquiette & empreſſée du combat, recueillir en lui-même toute l'importance des motifs qui arment ſon bras ? Plein des grands intérêts de la cauſe & du ſalut de ſon peuple, le voyez-vous tantôt lancer ſes regards enflammés vers le ciel qu'il implore & dont il attend le ſecours, puis tout à coup les ramener ſur la terre qu'il frape d'un pied impétueux, gémissant sur son opression, frémissant sur sa corruption: » Arrête ici, Malheureux, semble-t'il crier à l'ennemi. Pourquoi frape-tu ton frere ? Pourquoi ravir ses biens, son honneur? Pourquoi attenter à sa liberté, en vouloir à sa vie ? Hé! que t'avons-nous fait, que te font nos femmes, que te firent nos enfans? Quel affreux démon te posséde & t'a déchaîné contre nous, pour conjurer ainsi l'oprobre & le malheur de nos jours ? Ah! rentre en toi-même, abjure tes abominables complots, redeviens homme, & reconnois en nous tes freres, prêts à oublier ta cruelle démence & à t'embrasser.

» Mais quoi ? ces naïves expressions d'un cœur sensible & d'une ame humaine, provoquent tes ris sacriléges, redoublent ta rage & tes attentats!.. Misérable ! as-tu donc cru le pouvoir impunément te baigner dans nos larmes, t'abreuver de notre sang, & te gorger de nos chairs ?... Ah plutôt,

Monstre vomi de l'enfer, rentres dans ses abîmes ; fuis... fuis fur l'heure... ou péris fans efpoir, fous le glaive & les traits dont un Dieu vengeur arma les mains du jufte pour affranchir & purger la terre des monftres qui, comme toi, font profeffion de la défoler & d'en être l'infernal fléau ».

Cependant l'ennemi s'avance, précédé des noires ombres de la mort ; & notre défenfeur magnanime n'entend point le fignal pour s'élancer contre. Son cœur palpitant l'afpire, fon efprit peine, & tout fon corps fouffre à l'attendre. Halletant avec force, il femble embrafer l'air qu'il refpire, & l'exhale à fouffles précipités, comme en longs traits de feu. On voit fon fang généreux bouillonner dans fes veines, & fa grande ame impatiente d'en répandre jufqu'à la derniére goutte, pour racheter & fauver à ce prix les fortunes, la liberté, l'honneur, la vie de fes Concitoyens & de toute fa nation.

Mais son courage est libre, on entend le signal ; & le voilà parti. Il court, il vole, il se précipite, & déja n'est devancé dans les rangs ennemis que par la terreur dont ils sont frapés à sa vue. C'est alors que, dans le recit de ses exploits, le langage outré de la poéfie, devient l'expression naturelle de l'histoire. On diroit, à le voir se précipiter dans les plus épais bataillons,

L'éclair est dans ses yeux, la foudr'est dans ses mains

Mars, le terrible Mars lui-même, craindroit son aspect, comme celui de la fatale Egide. Parlons mieux ; l'Ange du Seigneur lui a confié le glaive redoutable, exterminateur des armées de l'injuste ; ses coups attèrent ceux que son éclat n'a point dispersés. L'intrépide audace lui fait parcourir en aigle le champ où l'intelligente valeur lui a préparé celui de la victoire.

Fût-il assuré de périr dans cette carriére triomphante, il s'aplaudit d'autant plus d'y affronter la mort pour la

vie de ſes freres; & d'y conſigner, comme entre les mains du Dieu des armées,
le prix de leurs jours, par le ſacrifice
des ſiens; certain de s'aſſurer ainſi, par
la perte de cette vie périſſable, le gain
d'une toute autre vie éternellement &
immenſément heureuſe.

Et le voilà cet intérêt dont la ſupériorité abſolue doit faire regarder les
peines, les périls, la mort même, non-
ſeulement d'un œil fixe & ferme, mais
encore avec l'œil d'une généreuſe envie & du plus ardent deſir. O Mort, dit
le Sage, que ton ſouvenir eſt déſolant,
que ta penſée eſt amére & cruelle au
Méchant fortuné que tu vas dépouiller
pour jamais de tous les biens de ce
monde! Mais, ô mort, que ton ſouvenir eſt conſolant, que ta penſée eſt dé-
licieuſe & douce à l'homme de bien,
au juſte & honnête homme, que tu dois
délivrer de tous les maux de cette vie,
& faire jouir enfin pour jamais de tous
les vrais biens de l'autre ! C'eſt pour

cela que, dans le fens de S. Auguftin, le vrai chrétien, treffaillant de plaifir à la vue de la mort, a befoin de toute fa patience pour l'attendre au terme, & ne pas courir fans ordre au-devant d'elle: *Vivit patienter, moritur delectabiliter.*

» Non, dit S. Bernard, à l'occafion de ces anciens Héros, Religieux-Chevaliers du Temple, il n'eft point de Guerriers qui doivent & puiffent infpirer plus de confiance & de fécurité aux Amis, plus de crainte & de défefpoir aux Ennemis que ceux dont la valeur eft fondée fur les principes de la vertu & de la reli‑ gion. De tels Militaires, à la vie, à la mort, bravent également la terre & l'enfer, les hommes & les démons dé‑ chaînés & réunis contr'eux. Hé ! Que pourroient-ils craindre, foit en vivant foit en mourant, eux qui préférent la mort à la vie, & pour qui la mort eft vraiment un gain ? Auffi n'entretien‑ nent-ils leurs vies & leurs forces que parce qu'ils en ont befoin pour com‑

battre & vaincre, selon le devoir de leur état. Mais s'ils sont charmés de sortir vainqueurs du combat, ils aimeroient presque encore mieux mourir sur le champ de bataille, au sein de la victoire ; car, à le bien prendre, c'est en effet le meilleur.

» Marchez donc, Guerriers généreux, s'écrie le saint Docteur, marchez & combattez avec une ardeur égale, une égale intrépidité, quelqu'en doive être le succès : puisqu'au milieu des plus grands dangers & dans l'ombre même de la mort, soit que nous vivions, soit que nous mourions, nous sommes également à Dieu, & que sa possession doit également faire à jamais notre bonheur. O qu'il est glorieux de revenir vainqueurs du combat, continue le saint Docteur ! mais, ô qu'il est heureux de mourir martyrs dans le combat ! réjouissez-vous, braves Guerriers, si vous avez l'avantage de vaincre, & vivez dans le Seigneur ; mais tressaillez d'allégresse,

ſi vous avez l'avantage de mourir vainqueurs dans le combat, pour être joints
au Seigneur : car, ſi ceux-là ſont heureux qui meurent dans le Seigneur ,
combien plus heureux ſont ceux qui
meurent en lui & pour lui, en ſe ſacrifiant pour les ſiens !

» Soit qu'on meure dans ſon lit , ſoit
qu'on meure à la guerre, la mort des
Saints & des juſtes eſt toujours précieu-
ſe aux yeux de Dieu ; mais quand ils
meurent à la guerre, elle eſt plus pré-
cieuſe encore, & encore plus glorieu-
ſe. O qu'une conſcience pure & ſans
reproche ..pire aux guerriers de confiance & de ſécurité ! Que des guerriers
ſont intrépides, quand, loin de craindre
la mort, ils la ſouhaitent ; quand, loin
de la fuir , ils la cherchent ; quand,
loin de frémir à ſa vue , ils treſſaillent, & courent ou la donner ou la recevoir avec un pareil tranſport ! O Guerriers vraiement invincibles ! O Milice
également ſainte & ſûre ! Etat vrai-

ment falutaire ! O profeſſion de ſalut »!

On le demande maintenant; qui, ſçachant un pays confié à de tels défenſeurs, gardé par de tels militaires, ſera preſſé de venir l'attaquer? Ou qui, l'oſant faire, le fera heureuſement & ſans avoir lieu de s'en repentir ? Il faut bien des combats avant de vaincre & d'aſſervir un tel peuple. Si l'on y réuſſiſſoit à la fin, les lauriers du vainqueur, toujours à la veille d'être flétris par quelque nouvel & ſoudain effort d'un courage indomptable & renaiſſant à la premiere lueur d'eſpérance & de poſſibilité, les lauriers du vainqueur ſeroient ſûrement teints de ſon ſang.

Nos Guerriers, ſelon leurs principes, dit Bayle encore, mettroient leur confiance en Dieu. Sans doute ; Hé! que s'en ſuit-il ? Conſéquemment en priant Dieu de tout leur cœur, comme ne pouvant rien ſans lui , ils agiront & combattront de toutes leurs forces, comme pouvant tout avec lui. Quelle que ſoit leur

confiance en Dieu, ſans doute ils ſçavent que ce n'eſt pas ſeulement par des
vœux & des ſuplications que leurs pareils ſe le doivent rendre favorable ;
qu'on provoque la colére du Ciel au lieu
d'obtenir ſon ſecours, quand on l'implore en ſe livrant à une lâche molleſ-
ſe, à une folle confiance, à une indolente inaction ; que la vigilance, le tra-
vail, les ſages conſeils de la prudence
& leur courageuſe exécution ; en un
mot, que la réſolution du cœur & l'a-
plication de l'eſprit, les conſtants efforts de l'un, & les perpétuelles reſſources de l'autre : voilà ce qui aſſure le
ſuccès.

Voilà ce qui, en effet, procura ſpécialement ces ſuccès mémorables dont
les éxemples conſacrés dans les Livres
Saints, offrent à la fois au Militaire vertueux & chrétien les Principes qu'il
doit adopter, les Modéles qu'il doit
ſe propoſer.

Quoique Dieu ait fait quelquefois

la guerre pour son peuple, d'une façon extraordinaire & miraculeuse, cependant, comme l'a observé Bossuet,
ce peuple combattoit d'ordinaire à main
armée ; c'étoit à son courage & à sa
conduite que Dieu accordoit la victoire. A commencer par Abraham, si re-
nommé par sa confiance en Dieu, &
par son humanité pour les hommes,
dont il recevoit avec un affectueux em-
pressement jusqu'aux inconnus & aux
étrangers ; ce saint Patriarche est célébre par l'expédition guerriére dans laquelle, après une marche forcée de
soixante - dix lieues, il vint de nuit &
par une double attaque, surprendre le
camp & battre l'armée de ces quatre
Rois ligués, déjà victorieux de cinq
autres.

Ainsi fut conquise la Terre Sainte par
les exploits guerriers des Tribus. Ils bat-
toient l'ennemi en campagne ; ils le for-
çoient dans ses camps & dans ses villes ; parce qu'ils combattoient en hom-

mes résolus, & avec une infatiguable ardeur, *accincti ad prælium viri fortissimi & ad pugnandùm robustissimi.* La plûpart des batailles de David se donnerent à la maniere accoutumée. Il en fut de même des autres Rois : les guerres des Machabées ne se firent pas autrement. En priant Dieu de tout leur cœur, ils chargeoient l'ennemi de toutes leurs forces : *Dominum cordibus orantes manu autem pugnantes.* En général , on voit que, dans les succès guerriers du peuple de Dieu , le courage docile & déterminé des Soldats alloit de pair avec la prudente & active intrépidité des Chefs.

Pour juger du mérite supérieur de ceux-ci , & garantir en quelque façon d'avance le succès de leurs semblables, il ne faut que nommer un Josué , un Jephté , un Gédéon , un Saül & un Jonathas, un David ; & sous lui , un Joab , un Abisaï, un Abner : un Josaphat, un Osias, un Ezéchias , un Judas le Machabée ,

avec ses deux freres Jonathas & Simon ;
un Jean Hircan, & tant d'autres dont les
noms sont célébres dans les saints livres & dans les archives du peuple de
Dieu. On voit dans ce peuple plus de
grands Capitaines & de Princes belli-
queux, de qui il a pû aprendre la guerre, qu'on n'en connoît dans les autres
nations.

Les Femmes mêmes dans le Peuple
Saint, on excellé en courage, & ont
fait des actes étonnants ; témoin Débo-
ra, sous les ordres de qui se donna la
sanglante Bataille, où l'armée de Si-
sara fut taillée en piéces. Les Romains
vantent leur Clélie & ses compagnes,
dont la hardiesse à traverser le fleuve
étonna & intimida le camp de Por-
senna. Voici quelque chose de plus,
dit Bossuet, Judith avec la téte d'Ho-
lopherne : & par ce seul coup, elle a mis en déroute l'armée des Assy-
riens, commandée par un si grand Général. Ce fut en vain qu'il assembla une

redoutable armée, qu'il ſurmonta tant de montagnes, força tant de Places, traverſa de ſi grands Fleuves, mit le feu dans tant de Provinces, reçut les ſoumiſſions de tant de Villes importantes, où il choiſiſſoit ce qu'il y avoit de braves Soldats pour groſſir ſes troupes. Sa vigilance à les conduire, à les augmenter dans ſa marche, à viſiter les quartiers, à reconnoître les lieux par où une place pouvoit être réduite, à lui couper les eaux, &c. lui fut inutile ; ſa tête étoit réſervée à une femme dont ce fier Général croyoit s'être rendu le maître.

Cette femme, diſtinguée par ſa naiſſance, par ſes richeſſes, par ſa beauté, mais plus illuſtre encore par ſon eſprit & par ſon courage, avoit premiérement relevé le cœur abattu de ſes concitoyens par ſes vigoureux conſeils. A l'entendre parler aux Anciens, aux Prêtres & aux Magiſtrats de Béthulie au déſeſpoir, on diroit d'une Reine abſolue & majeſtueuſe, occupée à ſou

tenir l'Etat sur le penchant de sa ruine, qui, supérieure à toute crainte personnelle, voudroit élever le cœur des
siens au niveau de sa grande ame, &
cherche cependant dans la profondeur
de son génie, quelque sûr moyen de
souftraire ses peuples aux dangers mortels qui les environnent, & aux derniers
malheurs qu'elle voit préts à fondre
sur eux. Dans les maux extrêmes, les
extrêmes remédes : on sçait comme elle réussit. Les Medes & les Perses furent effrayés de la constance & de l'audace de cette Héroïne ; son succès,
qui étonna l'Univers, sauva sa patrie
& toute sa nation.

La Paix même est marquée dans les
livres saints, comme un temps donné
aux Etats pour se fortifier au dedans, &
se préparer à la guerre, qui vient tout
d'un coup, & veut qu'on soit prêt d'a-
gir. David saisit ce temps pour faire
exercer les Ifraëlites à tirer de l'arc.
Ceux d'Issachar se piquoient d'exceller

dans les exercices militaires; cette Tribu étoit distinguée par le nombre d'habiles Maîtres qu'elle fournissoit pour y dresser tout Israël. Salomon s'apliqua à élever des Villes frontiéres, d'autres places fortes, & à les remplir d'armes & de munitions de guerre. Ce Prince si pacifique sentit l'importance de l'état militaire, même en tems de paix; il le tint toujours sur un pied respectable; il en entretint avec soin le goût, l'honneur, les divers exercices.

Achab, roi d'Israël, victorieux des Syriens, sembloit ne penser plus qu'à se reposer à l'ombre de ses lauriers. Un homme de Dieu, aux inspirations duquel il devoit sa victoire, le vint tirer bientôt de cette sécurité dangereuse, en lui annonçant que l'ennemi devoit revenir, la campagne prochaine, avec plus de forces & de précautions que ci-devant. » Pensez donc à vous, Prince, lui dit-il, fortifiez-vous, voyez & considérez bien tout ce que vous avez à

faire, pour vous mettre & vous maintenir dans l'état de la plus vigoureuſe
défenſe » : *Vade & confortare , & ſcito &*
vide quid facias.

Nous voici en paix , dit le pieux &
prudent Aſa , & nulle guerre ne nous
preſſe ; profitons de ce tems pour nous
mettre en état de ſoutenir celles qui
nous menacent peut-être en ſecret de
plus près que nous ne penſons, & qui
peuvent inceſſamment ſurvenir. Il fit
conſtruire diverſes places fortes , & re-
commanda dans le détail qu'on n'y né-
gligeât aucunes des fortifications & des
munitions en uſage alors pour y arrêter l'ennemi & les rendre imprenables.
La réputation guerriére d'Oſias s'étendit
au loin. L'écriture vante ce Prince pour
avoir montré un ſoin particulier de
conſtruire & d'établir , dans toutes ſes
Places , des magaſins d'armes , de lan-
ces , d'épées, de traits, de caſques, de
boucliers & de frondes ; avec des ma-
chines de toutes les ſortes , tant de cel-

les qui ſervoient à défendre les tours ,
que de celles qu'on tenoit dreſſées ſur
les murailles pour tirer des dards & jetter de groſſes pierres.

Cette réputation d'être entendu à la
guerre , d'y être préparé au beſoin, &
réſolu à tout événement , en impoſe à
l'ennemi le plus porté d'ailleurs à brouiller , & le fait ſouvent reſter en Paix ,
comme malgré lui. On y regarde à deux
fois avant de s'en prendre à un Prince ,
ou à un Peuple en garde de tous côtés ,
diſpoſé de longue main à ſe bien défendre , aux dépens de quiconque viendra
l'attaquer, Saül , en qui l'on admira
dans ſes commencemens , de ſi heureu-
ſes diſpoſitions & de ſi grandes qualités,
s'étoit ſignalé par ſon goût pour le Militaire , & ſon affection pour ceux qui ſe
diſtinguoient. Tout homme qu'il voyoit
courageux & de reſſource dans une affaire, il ſe l'attachoit : *Quemcumque vi-
derat Saul fortem virum , & aptum ad
prælium , ſociabat eum ſibi.*

C'est le moyen de s'acquérir tous les
Braves ; vous en prenez un , vous en ga-
gnez cent. Quand on voit que c'est le
mérite & la valeur que vous cherchez
& récompenfez , on entre en reconnoîf-
fance du bien que vous faites aux autres , chacun efpérant y venir à fon tour.
On s'attache à un Général , à un Officier
vraiment militaire lui-même , & affec-
tionné aux braves gens ; on l'aime , &
on met en lui fa confiance, parce qu'on
le regarde comme un pere qui penfe à
vous plus que vous-même. C'eft ce qui
avoit acquis fpécialement à David le
cœur des troupes , même du vivant de
Saül , parce qu'elles étoient accoutu-
mées à le voir marcher en campagne
à leur tête , & que fa conduite à la fois
courageufe & prudente , les avoit tirées
des plus mauvais pas, & fait triompher
des plus périlleux obftacles : *Omnis Ifrael
& Juda diligebat David, ipfe enim ingre-
diebatur & egrediebatur ante eos ; & à
principio egreffionis prudentius fe gerebat*

quam omnes, prudens in omnibus viis ejus.

Les distinctions honorables animerènt particuliérement le courage des guerriers, dans la nation sainte. On remarque sous David, plusieurs ordres d'Officiers Généraux, & autres Militaires distingués ; les Princes de la premiere classe, les Princes de la seconde, & l'ordre des Trente, qui avoient leur chef. Les actions qui leur avoient mérité ces grades & ces distinctions, étoient consignées dans les Registres publics. On voit dans l'état des Troupes d'Israël, comme un tableau de deux milles six cens Officiers principaux. Dieu voulant montrer dans son peuple un état parfaitement constitué, y pourvût non-seulement aux nécessités de la paix, mais encore à celle de la guerre ; & on ne peut douter, dit le grand Evéque de Meaux, que la Vertu Militaire n'ait éclaté par excellence dans le Peuple Saint.

Cette assertion semblera étrange à

ces perfonnes qui , prévenues contre l'ancien Peuple Hébreu , fe le figurent, comme ayant toujours été privé de la lumiére de nos arts & de nos fciences , deftitué de toutes connoiffances militaires , & hors d'état de fe battre autrement qu'en Andabates, en fe jettant confufément & fans ordre , les uns fur les autres , à la maniére des Caraïbes & des Hottentots. Mais pour défabufer les perfonnes féduites par ce honteux préjugé , il fuffira de joindre ici , aux Autorités recueillies par Boffuet, dans fa Politique de l'écriture fainte , les Obfervations du célébre Chevalier Follard , tant dans fes doctes & curieux Commentaires fur Polybe, que dans fon Traité fur la Tactique des Hébreux , & dans les divers articles Hiftorico-militaires, dont il a enrichi les *infolio* du grand Dictionnaire de la Bible.

On ne voit pas dans l'Hiftoire, dit ce Militaire inftruit , qu'avant Cyrus ,

aucun

aucun peuple ait fait la guerre avec plus d'art & d'intelligence que les Hé- breux ; on y remarque des mouvemens & des manœuvres admirables : pluſieurs de leurs Généraux avoient des façons particulieres de ſe ranger & de com- battre, comparables à tout ce que les plus grands Capitaines Grecs & Ro- mains ont fait & exécuté dans ce gen- re. Rien de plus admirable que leur mé- thode dans les campemens & dans la forme de leur camp, on y trouve un art merveilleux.

Les Machabées ſur-tout ſont incom- parables, d'autant plus que de leur temps la ſcience des armes fleuriſſoit dans tou- tes les parties du monde. Les actions de ces Grands Hommes ſont en nombre dans l'Ecriture ; & toutes remplies d'u- ne inſtruction profonde & admirable. Les gens de guerre devroient en faire leur étude ; car il y a beaucoup à pro- fiter. Ces Capitaines célèbres, foibles comme ils étoient preſque toujours par leur petit nombre, en comparaison de la multitude de leurs ennemis, trouvoient un fond inépuisable de ressources dans l'usage réfléchi & habituel d'une Tactique rusée, dans la surprise, le plus souvent à la faveur des ténèbres, & dans l'avantage des lieux où ils sçavoient attendre & rencontrer leurs ennemis, sans craindre d'en être envelopés. Ils les obligeoient par là à combattre sur un front égal au leur, & souvent ils les attaquoient dans les plaines; tant leur façon de se ranger étoit propre à tout, & leurs soldats prêts à tout tenter & à tout exécuter.

Cet intéressant morceau des saintes écritures, étant susceptible des élégantes amplifications du célebre Pere Béruyer, sans admettre ses opinions systématiques, doit être chez lui d'une lecture aussi agréable qu'utile à la jeune Noblesse. Ce livre des Machabées, seul, dit le Chevalier Follard, offre infiniment à aprendre dans la science mili-

taire. Rien n'eſt plus beau, plus inſtruc-
tif, plus capable de former un Héros
chrétien & un excellent Militaire. On
y voit, plus qu'en aucun autre endroit
de l'Ecriture, combien Dieu favoriſe
les grands courages, ſans acception ni
exception de perſonne ; & comment il
ſe ſert efficacement des ames nobles &
intrépides, dans l'exécution de ſes vo-
lontés & de ſes deſſeins pour le ſalut &
la gloire de ſon peuple. Il eſt à remar-
quer que Dieu n'a jamais fait choix d'un
homme ſans cœur ni d'un méchant homme dans les guerres qu'il a ordonnées
ou inſpirées.

Les juſtes & courageux ſentimens de
l'indignation des Machabées contre les
cruels opreſſeurs de leur patrie, n'ont
d'égal que les tendres & affectueux ſentimens de leur compaſſion pour cette
Patrie oprimée. De là ce brûlant diſcours de Mathatias, chef de toute l'héroïque maiſon, à la vue de ſa patrie,
en proye aux ravages & comme à la

discrétion des armées Syriennes. » Malheur à moi ! Ah ! suis-je donc né pour voir tranquillement la ruine de mon peuple & celle de la Cité sainte ? Puis-je y demeurer davantage, la voyant ainsi livrée à ses ennemis ? Son temple est profané, ses Vierges sont déshonorées ; ses vieillards & ses enfans sont massacrés au milieu des rues ; toute sa jeunesse a péri par le glaive ; on lui a ravi ses droits, ses priviléges, tous ses ornemens ; de libre, elle est devenue esclave. Tout notre état, toute notre gloire, tout ce qu'il y avoit pour nous de cher & de précieux, de saint & de sacré, a été souillé à nos yeux par un ennemi sacrilége & barbare ! Hé ! comment après cela pouvons-nous vivre » ? *Ut quid natus sum videre contritionem populi mei, cum datur in manibus inimicorum ?* En disant ces paroles, lui & ses enfans étoient baignés de larmes, & ils déchirérent leurs habits dans l'amertume de leur douleur.

Mais, ce n'est pas assez de pleurer les
maux de ses concitoyens & de son pays,
on ne doit rien épargner, selon l'esprit
de l'écriture, ni son sang ni sa vie,
lorsqu'il s'agit du salut de la patrie & de
ses compatriotes. C'est à quoi Mathatias encourage ce qu'il connoît de
Braves en Israël; puis les voyant élevés au tendre & noble enthousiasme
de l'humanité qui le transporte, il s'arme lui-même à leur tête; & courant en
déterminés sur tout ce qui se rencontre
de leurs féroces ennemis épars dans le
canton, ils font enfin respirer leur peuple, en commençant à briser le joug de
ses tyrans. Mathatias ranima ses forces
mourantes pour y exciter de plus en plus,
avant d'expirer, toute sa généreuse famille.» L'orgueil & la tyrannie ont prévalu,
dit-il, voici des tems de malheur & de
ruine pour vous; prenez donc courage,
mes Enfans, soyez zélateurs de la loi;
combattez, & mourez en combattant
glorieusement pour le Testament de vos

peres « : *Date animas pro testamento pa-
trum vestrorum , & accipietis gloriam
magnam & nomen æternum.*

Ces sentimens demeurérent gravés.
dans le cœur de ses dignes enfans. Il n'y
a rien de si ordinaire dans la bouche
de Judas, de Jonathas & de Simon, que
ces paroles : » Combattons & mourons,
s'il le faut, pour notre peuple & pour
nos freres. Ne vaut-il donc pas mieux
mourir glorieusement à la guerre , que
de voir périr indignement les loix &
la religion de notre pays ? L'issue du
combat sera telle qu'il plaira au Ciel ;
mais à Dieu ne plaise que nous fuyons
jamais devant l'ennemi ! Si notre heure
est venue & qu'il faille mourir ; mourons en Gens de cœur , en combattant
courageusement pour nos freres , &
gardons-nous de souiller notre gloire
par l'indigne trahison d'une fuite honteuse ou d'un servile accord » : *Melius
est mori in bello quam videre mala gentis
nostræ : sicut fuerit voluntas in cœlo , sic*

fiat : abfit autem ut fugiamus : & fi ap-
propiavit tempus noftrum , moriamur in
virtute propter fratres noftros , & non in-
feramus crimen gloriæ noftræ.

On voit par ces Maximes qui, con-
facrées dans l'Ecriture , font dès-lors celles mêmes du Militaire vertueux & chrétien , que fa réfignation n'eft rien moins
qu'une indolente & lâche inaction ;
qu'elle fupofe au contraire la ferme &
inébranlable réfolution de faire , jufqu'au dernier foupir , tous fes efforts
pour fe bien défendre lui & les fiens ,
en combattant vaillamment ; & de ne
fuccomber enfin , fous une force majeure , qu'après avoir tout fait , & en
faifant actuellement encore tout pour
la détruire.

Le Confeil de la Nation fainte ré-
prouva pofitivement la conduite d'un
corps de Juifs pufillanimes qui fe laif-
férent prendre & égorger comme des
moutons, de peur de violer le faint jour
du Sabat par les travaux d'une défenfe

militaire. On reconnut que ce funeste
excès d'une observance littérale & d'une
piété mal entendue, trahissoit la nation; & il fut décidé que, quelque jour
qu'on fût attaqué, on devoit, selon l'esprit de la loi, se défendre, & ne se
laisser jamais tuer à la guerre qu'en gens
de cœur, les armes à la main, pour la
défense & le salut de l'Etat: *Omnis homo quicumque venerit ad nos in bello, die
Sabbathorum, pugnemus adversus eum;
& non moriemur omnes sicut fratres nostri, in occultis.*

Telle avoit été la résignation, ou
plutôt la résolution de Nehemias, dans
les allarmes qu'on s'efforçoit de lui donner pour l'éloigner de Jérusalem, que
sa retraite auroit perdue. »Non, dit-
il, mes pareils n'ont point peur, & ne
fuyent jamais ». Puis, ranimant le peuple effrayé à la vue de l'ennemi, »Ne
craignez point ces gens là, dit-il, mais
pensez au terrible & tout-puissant Dieu
des Armées, qui est le nôtre; & com-

battez avec courage , pour vos freres , pour vos fils , pour vos filles , pour vos femmes , & pour vos maiſons » : *Num quiſquam ſimilis mei fugit ? Nolite timere à facie eorum , ſed mementote Domini magni & terribilis , & pugnate pro fratribus veſtris , filiis veſtris , & filiabus veſtris , & uxoribus veſtris , & domibus veſtris.*

Telle fut encore la réſignation de Joab à la célébre Journée de Medaba , où ſa manœuvre, unique en ſon eſpéce, jette le Chevalier Follard dans l'admiration , & lui ſemble tout ce qu'il ſe peut imaginer de plus hardi , de plus profond & de mieux conduit.

En effet , Joab , d'une expérience conſommée , & certain de la valeur de ſes troupes , forma le deſſein de battre en même-tems les Amonites & les Syriens , & de remporter ainſi deux victoires à la fois. Pour cela il s'enferme volontairement au milieu d'eux , ſon armée repliée ſur elle-même, formant comme deux for-

tes colonnes mutuellement adossées ; &
il charge son vaillant frere Abisaï d'enfoncer avec l'une, les Amonites, tandis
que lui-même fondroit avec l'autre sur
les Syriens, qui étoient les meilleures
Troupes. C'est alors & en se séparant de
son frere pour aller charger chacun de
son côté, qu'il lui parle en ces termes :
» si les Syriens me forcent, dit-il, Se-
courez-moi; si les Amonites prévalent de
votre côté, je suis à vous. Soyez homme
de courage & combattons valeureuse-
ment pour notre peuple & pour notre
Dieu. Puis il ajoute : Après cela, le Seigneur en décidera ce qu'il lui plaira » :
Esto vir fortis & pugnemus pro populo
nostro & civitate Dei nostri : Dominus au-
tem faciet quod bonum est in conspectu
suo.

Montecuculli, ce Général admirateur
& d'autant plus digne Emule de Turenne, fait de ces sentiments la Maxime
des Héros. La résolution une fois prise,
il faut, dit-il, ne plus écouter ni douter

ni ſcrupules : mais après avoir ſuivi en tout les régles de l'Art , employé tout ſon courage , & s'être convaincu ſoi-même qu'on n'a rien oublié de ce qui pouvoit contribuer à l'heureux ſuccès d'une Entrepriſe , il en faut recommander l'iſſue à la Providence , & du reſte avoir l'eſprit en repos ſur ce qu'il plaira à Dieu d'ordonner , quoiqu'il arrive. En effet , faire tout ce qu'on peut dans les occaſions critiques, & ſe réſoudre enſuite à tout ce qu'on ne peut empêcher , comme fit Joab & comme le preſcrit Montecuculli , n'eſt-ce pas tout ce qu'il ſe peut attendre des plus habiles Généraux, & des plus parfaits Militaires? Mais qu'on y prenne garde encore une fois; on ne ſe réſigne ainſi, ſelon nos principes , qu'en ſe comportant toujours avec cœur , & en combattant déterminément, juſqu'à la fin.

Dans les occaſions ordinaires , où la prudence humaine a pû ſuggérer des meſures efficaces , & faire trouver des moyens supérieurs ; un Général connû d'ailleurs , peut montrer plus d'assurance , & moins de réserve dans ses paroles. C'est ce que fit le même Joab , en écrivant, peu après au Roi David : » J'ai battu jusqu'ici Rabbath ; cette Capitale des Amonites ne sçauroit plus tenir , l'honneur de sa prise vous attend » : *Dimicavi adversus Rabath , urbs capienda est ; veni cape eam : ne cum à me vastata fuerit , nomini meo ad scribatur victoria.* C'est ce que fit d'une maniére encore plus remarquable Saül , au commencement de son régne.

Naas , roi des Amonites , se croyant sûr de prendre la Ville de Jabès à discrétion , ne vouloit entendre à aucun traité de la part de ses tristes Habitants, qu'à la condition monstrueuse de leur arracher à tous l'œil droit. Saül averti de cet affreux danger de ses freres , en frémit ; & dans l'ardeur de son courage , il ose ne leur répondre que ces mots : Demain vous serez délivrés : *Vo-*

bis cras erit salus. L'effet fuivit la parole. Dès le matin , Saül accouru avec fon armée , partagée en trois corps ; fond brufquement fur le Camp de Naas , l'enfonce , pénêtre de toutes parts. On ne ceffa de tuer qu'à la grande chaleur du jour ; & les ennemis qui échapérent furent difperfés au point qu'il ne refta as , pour ainfi parler , deux hommes enfemble : *Ita ut non relinquerentur duo pariter.*

Ce trait de l'Hiftoire Sainte n'étoit aparemment pas préfent à la mémoire de M. Rouffeau , lorfqu'après avoir exalté le ferment que firent les foldats de Fablus , non pas de vaincre ou de mourir, mais de revenir vainqueurs , il ajoute que jamais des Chrétiens n'en euffent fait un pareil , parce qu'ils au-roient craint de tenter Dieu.

Il eft clair que la réfolution de vain-cre ou de mourir eft le *nec plus ultra* du pouvoir de l'homme le plus intré-pide ; & que le ferment de revenir vainqueurs, est une façon de parler qui supose l'alternative, à moins d'être une extravagance. Tout homme est mortel, & peut dès-lors être tué, même par le vaincu : ce qui le met également hors d'état de revenir, quand bien même il seroit vainqueur ; ce qui peut dépendre encore de mille effets du hazard.

Des soldats Chrétiens pourroient donc, en pareille occasion, adopter le serment des soldats de Fabius, dans toute l'étendue du sens raisonnable qu'il peut avoir. Mais Fabius lui-même, adoptant la réponse, peut-être inspirée de Saül aux Habitants de Jabès, ne la pourroit disculper de présomption & de témérité, qu'en démontrant la combinaison de ses mesures & de ses moyens absolument supérieure à la multitude des inconvénients qui peuvent naturellement faire échouer, sur-tout à la guerre, les desseins les mieux concertés & les projets qu'on croit les plus sûrs.

Ainsi, loin que la résignation du

Militaire vertueux & Chrétien emporte, comme on voudroit le faire croire , l'indifférence apathique & l'imbécille repos des Dieux d'Epicure , elle pré-supose au contraire la résolution la plus active & la plus animée , comme le plus vif intérêt. Aussi voyons-nous que les guerriers Hebreux , le plus comblés des faveurs divines , & dont ces faveurs devoient le plus exciter la confiance & la résignation , loin de s'y livrer par un oisif & lâche abandon , se sont spéciale-ment distingués par une valeur pré-voyante & d'une activité infatigable.

Prenez des vivres autant qu'il vous en faut , dit aux siens Josué ; dans trois jours , à point nommé , vous passerez le Jourdain , & vous entrerez dans le pays ennemi. En même-temps il envoye des gens aux nouvelles , & fait observer Jéricho. Il aprit que tout y étoit dans l'épouvante : il saisit le moment , mar-che toute la nuit , & signale ce com-mencement de sa nouvelle Principauté

par une victoire éclatante. Il ne montra
pas moins son intelligence & sa capacité, à la prise de la ville de Haï, dont les
habitants, enflés d'un premier succès, se
flattoient de lui faire lever le siége
honteusement , & après avoir détruit
son armée. Il sçut profiter de la confiance excessive que leur inspiroit la
trop grande opinion de leurs forces, il
pressentit qu'ils se tiendroient moins
sur leurs gardes , & il leur dressa un
piége , qui fut en effet leur perte & son
triomphe.

Ainsi, Gédéon se leve la nuit , assem-
ble l'armée, attaque & bat l'ennemi , le
poursuit sans relâche ; tombe à l'im-
pourvû sur quinze mille hommes qui
étoient plus loin en réserve , prit leurs
chefs qui se reposoient en assurance &
ne s'attendoient à rien moins qu'à être
attaqués ; tailla tout en piéces , & rame-
na ses troupes victorieuses , avant le coucher du soleil.

Pour profiter de son avantage, Saül ,

voyant que le ſoldat avoit repris cœur ,
ſans perdre un moment & ſans même
donner le temps de ſe rafraichir , prend
dix mille hommes qu'il trouva ſous ſa
main , & , dit-il , » Maudit celui qui s'arrêtera pour manger avant l'entiére défaite des Ennemis »! Puis , encoura-
geant les ſoldats fatigués : » Allons ,
marchons, diſoit-il , tombons-leur deſſus pendant la nuit ; & ſoyons , s'il ſe
peut , ſans ennemis demain matin ». Les
Philiſtins furent par-tout battus , tués ou
diſperſés ; & les Hébreux remportérent
ce jour une victoire complette.

On iroit à l'infini , ſi l'on vouloit raporter tous les exemples d'activité , de
vigilance , de précaution , d'intelligence , de ſageſſe , de prudence , d'art &
de capacité qu'ont donné dans les différentes expéditions de guerre, les grands
Capitaines dont l'Hiſtoire Sainte nous
a conſervé la mémoire, les Joſué, les
Gédéon , les David , comme nous l'a-
vons vû ci-deſſus , & ſur-tout , comme

on le voir à chaque page de leur hiftoire, les Machabées, ces Hommes à
petites armées & à grands fuccès, fi rares même entre les Héros, que le Chevalier Follard fe travaille & fe fatigue
prefqu'en vain pour en trouver quelques-
uns dans le cours des fiécles, entre Sertorius & Turenne. La loi de Dieu ne
vouloit & ne retenoit pour foldats que
des hommes libres, & choifis fur toute
la nation, qui n'euffent rien à cœur que
le combat, & n'euffent rien dans le
fouvenir qui pût rallentir leur ardeur.

A la première vue de l'ennemi, un
jour d'affaire ou de combat, le Prêtre
fe préfentoit à la tête des Troupes, &
les y préparoit par ces paroles : » Ecou-
tez Ifraël, difoit-il, vous devez aujour-
d'hui combattre vos ennemis ; quels
que foient leur nombre & l'aparcil de
leurs forces, que votre cœur ne s'étonne point ; ne craignez point ; gardez-
vous de fuir ou reculer devant eux,
mais combattez-les avec force & avec

audace : car le Seigneur eſt au milieu de vous pour ſeconder vos efforts & ſauver ſon Peuple : *Non pertimeſcat cor veſtrum, nolite metuere , nolite cedere , nec formidetis eos , quia Dominus Deus veſter, &c.* Après cela , avant de ranger les troupes en ordre pour la bataille ou le combat, on faiſoit encore dans l'armée ce cri général : »Si quelqu'un a peur ou manque de cœur & de courage, qu'il ſe retire ; de crainte qu'il ne communique ſa lâcheté aux autres , en leur inſpirant les vaines terreurs dont il eſt ſaiſi » : *Quis eſt homo formidoloſus & corde pavido ? Vadat & revertatur in domum ſuam ; ne parvere faciat corda aliorum , ſicut ipſe timore perterritus eſt.* La coutume de ce Ban ou cri général , duroit encore dans les guerres des Machabées ; elle ne laiſſoit au digne Militaire que l'amour de la Patrie avec le ſoin de combattre & l'ardeur de vaincre , ſans ſouci de la vie ni crainte de la mort.

»Soyez courageux & fort, comportez-vous en Homme de cœur, ne craignez rien, n'apréhendez rien« : Tel est l'ordre familier du Seigneur aux divers Commandans & à tous les Guerriers de son Peuple : *Confortare, esto robustus & viriliter age ; neque timeas, neque paveas.* Josué honoré de cet ordre, s'en montra digne un jour singuliérement. Marchant seul en avant sur les terres de l'ennemi, il fut frapé subitement par la vue d'un homme qui s'avançoit vers lui d'un air menaçant & l'épée nue à la main. Ce saint Guerrier, loin d'avoir peur, s'avança lui-même au-devant de l'inconnu qui sembloit vouloir l'effrayer, & il lui cria, tout en allant le joindre, comme qui diroit parmi nous, Qui vive? Etes-vous des nôtres? *Noster es ?* Il aprit bientôt, en le joignant, que c'étoit un Ange, l'un des Princes de l'armée du Seigneur, de cette armée qui, quoiqu'invisible, est toujours prête à combattre pour ses Serviteurs, & il tourna son attaque en

vénération : après toutefois nous avoir
apris par son exemple qu'un digne Militaire ne doit absolument rien craindre
à la guerre.

M. de Turenne , comparable à tout
ce que le Peuple Saint & tout autre
ont produit de grands & vertueux Capitaines , eut une avanture qui rapelle
celle-ci. Revenant une nuit de S. Cloud à
Paris, dans un Carrosse , où étoient avec
lui Madame & Mademoiselle de Ven-
dome, une Dame de la Cour , un Evêque,
l'Abbé depuis Cardinal de Retz , le Bel-
esprit Voiture, &un Courtisan, il fut tout-
à-coup frapé des cris & des hurlemens de
sa Compagnie & de toute leur suite
également effrayée par la subite apari-
tion d'une troupe de Diables sortant de
l'enfer, vers le pied de la montagne de
Chaillot. Ce Héros , suivi de l'audacieux
Abbé , mais seul éxempt de trouble ,
saute à bas de la voiture , une courte
épée à la main, regarde , & va d'un
pas lent & intrépide , reconnoître en

face les prétendus diables, qu'il fit à
son tour presque évanouir de peur, &
vit à loisir n'être au fond rien moins
que ce qu'on les craignoit. C'étoient
des Moines, alors déchaux, barbus &
d'un extérieur étrange, qui alloient en
corps se baigner dans la Seine ; au de-
meurant vrais & bons humains, comme
le raporta le Vicomte à sa Compagnie
éperdue, qu'il retrouva en priéres, &
dont ce raport modéra bientôt la frayeur
& la dévotion.

Vaincre ou mourir : voilà le mot &
l'alternative du Militaire vertueux &
chrétien, dans la défense du poste, ou
l'exécution de l'ordre qui lui est confié.
Tels furent ces vingt - quatre Braves
d'Israel & de Juda, qui, commandés
par leurs Généraux, Abner & Joab,
pour tenter le sort des armes, au nom
des deux Partis, & combattre à outrance
entre les deux Armées, partirent comme un trait, & périrent tous, les uns
par les autres ; avec une résolution qui

éternisa leur mémoire, en laissant leur nom au lieu du combat, apellé depuis : le Champ des Braves de Gabaon.

Le courage que prescrivent & inspirent les saints livres, va quelquefois jusqu'à courir ainsi à une mort certaine. Samson en est un exemple. » Que je meure, dit-il, dans un généreux désespoir, mais avec le plus qu'il se pourra de nos cruels ennemis» : *Moriatur anima mea ; sed cum Philiflœis.* Il en tua plus en mourant qu'il n'avoit fait pendant sa vie. Les Interprétes prouvent très-bien, dit Bossuet, par l'Ecclésiastique & par l'Epître aux Hébreux, que Samson étoit inspiré dans cette action. Dieu donnoit de tels exemples d'un courage déterminé à la mort, afin d'accoutumer son Peuple à la mépriser, & à sçavoir se sacrifier personnellement au besoin, pour le bien commun de l'Etat & le salut de la Patrie.

On peut croire qu'une semblable inspiration poussa Eléasar, lorsque voyant son peuple étonné de la prodigieuse Armée du Roi Antiochus, & plus encore du nombre & de la grandeur de ses Eléphants, il fut droit à celui du Roi, qu'on reconnoissoit à sa hauteur & à son armure. » Il se livra pour son Peuple & pour s'acquérir un nom immortel » : *Dedit se ut liberaret populum suum & acquireret sibi nomen æternum* ; & s'étant fait jour à droit & à gauche au milieu des ennemis, qui tomboient deçà & delà à ses pieds , il se met sous l'Eléphant, lui perce le ventre, & meurt écrasé par sa chûte.

C'est ainsi qu'un brave Commandant réduit à l'extrémité , sur terre ou sur mer, & voyant , tout considéré , que sa Place ou son Vaisseau, suposés d'importance, sera bientôt tourné par l'ennemi contre sa Patrie , lui causera un dommage funeste & coutera infailliblement la vie à une multitude de ses compatriotes ; c'est ainsi que ce brave Commandant peut confondre l'espoir vorace

vorace de ſes opreſſeurs , en faiſant
ſauter par le feu des poudres , avec ſa
place ou ſon vaiſſeau & ſa perſonne
même , le plus d'ennemis qu'il lui eſt
poſſible. On ſent que par ce dévouement héroïque il s'aſſure & aux ſiens , au
lieu d'une défaite accablante , une eſpéce de victoire utile & de glorieux triomphe. Ces actions d'une valeur & d'une intrépidité ſurprenantes font voir que tout
eſt poſſible à qui ſçait mépriſer la vie ; &
rempliſſent à la fois le citoyen de courage , & l'ennemi de terreur.

Il y a nombre de ces occaſions où ,
ſelon nos principes , la gloire de mourir courageuſement vaut mieux que la
victoire même. Ceux qui ſçavent courir pour leur pays à une mort aſſurée ,
y laiſſent une réputation de valeur qui
étonne l'ennemi ; & par ce moyen ils
font ſouvent plus utiles à leur patrie que
s'ils demeuroient en vie.

Ainſi , Judas même , le plus grand
guerrier qu'ait eu le peuple ſaint , &

à tous égards , l'un des plus grands guerriers de l'univers , se dévoua volontairement à la mort sanglante qui couronna sa vie héroïque. Bacchides & Alcime avoient vingt mille hommes & deux mille chevaux , près de Jérusalem ; Judas campé près d'eux , avoit trois mille hommes seulement. Comme ils virent la multitude & les forces extraordinaires de l'armée ennemie , ils furent effrayés : cette crainte les dissipa, il n'en demeura que huit cens réunis , près du général. Ce héros dont l'armée s'étoit écoulée ainsi , pressé néanmoins de combattre en cet état , sans avoir le tems de ramasser des forces , sentit d'abord lui-même son courage ébranlé. Mais ayant bien-tôt surmonté ce premier sentiment de la nature par celui de sa vertu, Judas animant ceux qui restoient, leur disoit : » Allons, mes amis, courage, marchons à nos ennemis , combattons les , avec notre valeur ordinaire ».

Ils l'en détournoient en difant : » Il
eft impoffible, fuyons quant à prefent,
rejoignons les autres, & après, nous re-
viendrons combattre ; nous fommes trop
foibles & en trop petit nombre pour
réfifter maintenant «. Mais Judas, qui
voyoit l'honneur de la nation perdu,
Jérufalem & tout le pays livrés à l'ennemi, par fa retraite, d'ailleurs prefqu'impoffible en ce moment, reprit avec
tranfport : » à Dieu ne plaife que nous
trahiffions indignement notre pays, par
cette fuite honteufe ! Si notre heure eft
venue, & qu'il nous faille mourir ; mourons courageufement, & ne laiffons
point de tache à notre gloire «.

A ces mots, ce grand homme fort
du camp à la tête de fes huit cens Braves, ranimés & rangés en colonne. L'aile
droite des ennemis étoit la plus forte ;
il fond deffus & l'enfonce. Judas, qui
avoit plus d'une fois battu des armées
avec une poignée de monde, fembloit
avoir ici renouvellé cet exploit, d'au-

tant que , vainqueur de la droite , il n'avoit ce semble qu'à tourner sur le flanc de la gauche étonnée , pour la rompre & tout dissiper. Dieu permit que cette fois il fut emporté par l'ardeur des siens à la poursuite des fuyards. L'Aîle gauche alors le prit par derriére ; le combat se ranima , & il se fit quelque-tems un grand carnage. Mais enfin Judas fut tué , & périt d'une mort digne de sa glorieuse vie , comme il s'y étoit dès long-tems résolu d'esprit & de cœur, à tout événement : *Judas per omnia , corpore & animo , mort pro civibus paratus erat.*

Tous les Machabées s'étoient d'abord proposés cette fin , & furent toujours décidés à vivre ou mourir en gens de cœur, *vivere aut mori fortiter.* » Nous combattrons, disoient-ils , pour notre Dieu, pour nos peres , pour nos femmes , pour nos enfans, pour nos amis & pour nos loix. Arrive ce que le ciel en a résolu ; mais plutôt que de fuir ou céder lâchement, mourons pour notre peuple, & pour nos freres. Qu'il soit dit éternellement dans les Nations, quelque foibles que nous soyons, qu'on ne nous attaque pas impunément. Que la mémoire de notre valeur fasse desormais trembler ceux qui voudront attaquer des gens si déterminés à vaincre ou mourir, prêts à courir au-devant de la mort même, pour se frayer le chemin de la victoire, & à sceller de leur sang l'ardeur de leur zèle pour le bien public & le salut de l'état ».

Voilà quel est en effet, comme nous l'avons dit, le grand & le principal objet du digne Militaire, qu'il ne doit jamais perdre de vûe, où l'on ne doit jamais se lasser de tendre, & qu'on ne doit jamais désespérer d'atteindre, tant qu'il restera un soufle de vie. L'expérience nous fait voir qu'il est pour des Militaires de résolution & de capacité, des raisons d'espérer jusqu'au dernier moment, & pour ainsi dire contre

toute espérance. Les événements ne
font pas plus affurés que les penfées des
hommes. A la guerre, le mal eft toujours
plus dans l'opinion que dans la chofe
même. Dans le fond, la perte d'une
bataille eft fouvent fort peu de chofe ;
qui perdit hier, pourroit, s'il vouloit,
gagner aujourd'hui. L'expérience nous
aprend, difoit le Comte d'Harcourt qui
fit tant de belles actions fous Louis XIII,
que »S'il y a des malheurs imprévus,
on trouve auffi fouvent un bonheur
qu'on n'auroit jamais ofé fe promettre ». Mais il faut s'y prêter , & ne
manquer pas à le faifir dès qu'il fe pré-
fente.

Dans les plus fâcheufes difgraces, &
dans les fituations les plus critiques, on
doit donc toujours foutenir & ranimer
fon courage, penfer aux reffources, tendre, pour ainfi dire , tous les refforts
de fon efprit, tous les mufcles de fon
corps, redoubler de foins, d'efforts, &
ne jamais défefpérer : c'eft le moyen de

fortir d'embarras. La feule réputation d'être tel , tient l'ennemi en crainte & dans l'inaction , ou l'empêche de pourfuivre fes avantages avec la chaleur néceffaire , & donne fouvent le loifir de les lui rendre pour le moins inutiles.

Nous le voyons fpécialement en David , dans le défaftre & le defordre de fa fuite de Jérufalem , lors de la révolte de fon royaume en faveur d'Abfalon. Achitophel , la meilleure tête de fon confeil , & que redoutoit fpécialement le Monarque fugitif, dit au Prince rebelle : » Si vous l'agréez , je m'en vais prendre douze mille hommes choifis ; je vais pourfuivre & atteindre David cette nuit même ; &, fondant fur lui & fes gens , qui font tous las, recrus, & hors de défenfe, je les battrai fans peine : tout le monde fuira , je fçaurai m'affurer du Chef, & je m'en déferai. Il n'y aura plus dans tout Ifrael , qu'une voix pour le fils du Roi , & vous régnerez dans une paix parfaite ». Cet avis , qu'il n'étoit que trop sûr de suivre , étoit aplaudi ; & c'en étoit fait de David , qui dans sa fuite précipitée, n'a- voit pû être accompagné que d'une par- tie de sa maison , sans munitions ni pro- visions. Il fut sauvé par l'adresse du seul Chusaï , son ami secret , à faire valoir & apréhender les ressources de son cou- rage & de sa capacité Militaire.

» Prince , dit Chusaï à Absalon , vous connoissez votre Pere , & les guerriers qui l'accompagnent ; tous d'un coura- ge intrépide , & qui s'irrite par ses per- tes , comme une Ourse dont on raviroit les petits. Votre pere est un Militaire expérimenté ; il ne s'arrêtera point avec les siens comme un homme vulgaire , au milieu des champs ou dans des routes battues. Mais il vous attend , peut- être déjà embusqué dans des cavernes ou dans quelqu'autre lieu où il aura sçu prendre ses avantages. S'il vous arri- ve le moindre échec , le bruit aussi-tôt s'en répandra de tous côtés ; on publiera

qu'Abſalon a été battu : & ceux qui ſont
actuellement comme des lions perdront
cœur à cette nouvelle. Car on ne peut
ſe cacher que votre pere eſt un Général
plein de valeur , d'expérience ; & on
ſçait que ceux qui ſont avec lui ſont gens
aguerris & déterminés » : *Scit enim omnis*
Iſrael patrem tuum fortem eſſe bellatorem ;
& robuſtos omnes qui eum eo ſunt , viros
fortiſſimos & amaro animo , veluti ſi urſa ,
raptis catulis , in ſaltu ſœviat.

Chuſaï concluoit à ne précipiter rien ,
ne rien hazarder , mais à réunir à loiſir
toutes ſes forces pour attaquer à coup
ſûr. Ce fut ce qui donna le tems à David
de ſe reconnoître & de ſe fortifier, & ce
qui lui aſſura la victoire, par le ſoin
qu'il eut de recueillir un plus grand
nombre de ſes vieux Militaires qui ,
commandés par Joab , taillerent en
piéces la nombreuſe mais tardive armée
d'Abſalon, tué lui-même dans le combat, comme on ſçait.

Mais, pour nous borner à l'héroïque

hiſtoire des Machabées, quelle fut la principale cauſe de tant de merveil-leux exploits , & à quoi durent-ils ſpécialement leur ſuccès prodigieux, ſi ce n'eſt à cette ferme , conſtante & inébranlable réſolution ? Ce fut elle qui , au milieu des plus accablantes nouvelles, des plus effrayants périls, des criſes & des ſituations les plus déſolantes , leur faiſoit toujours , loin de perdre cœur ou tête, redoubler de courage & d'ardeur, de précautions & d'efforts de toutes eſpéces, en propor-tion du nombre, des forces, de la con-fiance, de la fureur & de l'acharnement de leurs divers ennemis.

En vain ils ont en tête des troupes courageuſes, des armées redoutables; en vain ils ont affaire à des Généraux habiles & expérimentés ; en vain leurs forces ſont infiniment inférieures à cel-les de leurs ennemis , & ne ſçauroient ſe meſurer avec elles. Rien ne les rebute, rien ne les arrête, rien ne les décourage, ni ne les déconcerte : & , par cette raiſon , ils ſont toujours , à la fin , victorieux. Tant l'active & intelligente audace , tant les infatigables efforts & les inépuiſables reſſources de la valeur & de la conduite , l'emportent toujours , à la longue , ſur le plus grand nombre , & le plus formidable apareil !

Quand ces incomparables Machabées, levérent l'étendart pour la défenſe & le ſalut de leur patrie , contre une armée entiére de ſes tyrans , répandus en maîtres dans tout le pays , où ils vivoient à diſcrétion ; ils étoient réduits au ſeul cortége de leurs parens & de leurs amis. Cette ferme & inébranlable réſolution de vaincre ou de mourir , ſecondée des reſſources de leur prudence & de leur génie , ſuplée à tout , & leur tient lieu de tout. Quoique le zéle & l'indignation de Mathatias euſſent exalté ſon courage juſqu'au degré de l'enthouſiaſme & d'une ſainte fureur ; quoique le courage naturel de

Judas fut l'intrépide & impétueuse ardeur des lyons ; néanmoins ils furent
en diriger l'ardeur, & ne se laisserent
jamais emporter au-delà des bornes que
prescrivent l'extrême valeur, la science
& la capacité Militaires.

Mathatias évitant avec soin les corps
qui l'eussent d'abord écrasé, tomboit,
dans les lieux solitaires, sur ce qu'il
pouvoit rencontrer d'ennemis écartés :
In loca occulta, in deserto. Lors même
que sa troupe fut grossie ; comme elle
ne pouvoit être si-tôt disciplinée, il
évita toujours d'engager une affaire générale : il se bornoit à épier & surprendre les pelotons & autres divers corps
séparés, sur lesquels il fondit toujours
avec avantage ; & il mérita, dès ces
commencens, le glorieux témoignage
que rend l'Ecriture à toute l'héroïque
famille, de n'avoir échoué dans aucune de ses entreprises : *Et prosperatum*
est opus in manibus eorum.

Judas, qui joignoit à cette intrépide

ardeur de courage une égale ſupériorité
de lumiéres, de talens & de génie, ne
ſe livra toutefois au cours glorieux de
ſes deſtins qui devoient le ſignaler contre des armées royales & contre les
premiers Généraux de l'Aſie, qu'après
s'être formé un corps de braves à
l'épreuve, & s'être préparé aſſez de
moyens & de reſſources pour ſeconder
les efforts de ſa grande ame, & mettre,
quoi qu'il pût arriver, ſa gloire & celle
de la Nation en ſûreté. Il ſe borna long-
temps aux coups de main, aux embuſ-
cades, aux ſurpriſes, aux expéditions
nocturnes, & à la petite guerre. Il s'é-
toit fait redouter au loin comme le
plus terrible des Partiſans : *Super veniens
caſtellis & civitatibus improviſus, opor-
tuna loca occupans, maxime noctibus,
intolerabilis gentibus efficiebatur ; fama
virtutis ejus ubique diffundebatur.*

Ce fut par ces préludes qu'il ſe montra enfin l'égal des plus habiles Généraux dans les deſſeins les plus vaſtes, les

entreprifes les plus compliquées & les
plus profondes opérations du grand
art de la guerre. Sa conduite dans les
guerres qu'il eut à foutenir contre tant
d'ennemis formidables eft , au jugement du Chevalier Follard , tout ce
qu'on voit de plus beau , de plus grand ,
& de plus admirable. Un Sertorius , un
Scanderberg, n'ont rien fait qui puiffe
égaler les actions de ce Héros. Les Con-
noiffeurs en voyent avec d'autant plus de
fruit & d'intérêt le détail dans les fources mêmes. Nous en extrairons , comme
au hazard , le recit d'une qui puiffe faire
juger des autres. Nous y joindrons , tiré
pareillement des fources facrées, quelque trait caractériftique des deux freres , Jonathas & Simon , dont on peut
dire que , fi leur aîné Judas eft prefque
fans égal entre les Héros, ils y ont l'un
& l'autre peu de fupérieurs Emaüs ,
Azot , & Cédron , tels font les célébres
exploits que nous faififfons , comme à la
première vue , dans l'Ecriture Sainte.

Le Roi Antiochus, furnommé l'illuftre, fatigué & outré des mauvaifes
nouvelles qui lui venoient inceffamment de la Judée, depuis la révolution,
qu'il fçavoit être l'œuvre des Machabées, réfolut d'exterminer la Nation entiére; de vendre & de difperfer au loin
tous les Juifs échapés au glaive, & de
partager au fort toutes leurs terres à de
nouveaux Habitants qu'on y tranfplan-
teroit de plufieurs autres contrées de fa
domination. Ils chargea de cette expédition Ptolomée, Nicanor, & Gorgias,
trois Généraux en faveur, mais d'un
caractére différent.

Le premier, qui étoit homme d'Etat,
fentoit qu'il eft plus facile de profcrire
que de détruire tout un peuple de braves, réduits au défefpoir; il agiffoit
moins brufquement & multiplioit les
préparatifs. Le fecond, parvenu au commandement des armées, comme tant
d'autres Courtifans, plus par l'intrigue
& la faveur que par fes fervices ou

ses talens militaires , n'imaginoit pas qu'il pût y avoir des obstacles à l'exécution des ordres du Roi ; il ne songeoit qu'à revenir en hâte faire glorieusement sa cour, après avoir exécuté ses ordres au plutôt, & dans la derniére rigueur. Le troisiéme, grand Capitaine, & d'une longue expérience, étoit capable de voir & de vaincre à la fois les difficultés de l'entreprise , s'il eût eu en tête tout autre Général qu'un Machabée.

Nicanor , ami particulier de Ptolomée, & qui par le brillant de sa fortune sembloit le plus important, ne doutant point de ses succès & se regardant déja comme vainqueur , faisoit publier d'avance dans les villes marchandes & les pays maritimes, que jamais on n'auroit eu d'esclaves à meilleur marché : il alloit, disoit-il, vendre tous ces Juifs , à tant la douzaine : *Promittens se nonaginta Judaica mancipia talento distracturum.* Une multitude, particuliérement des villes maritimes, s'étoit rendue près de lui, & suivoit l'armée, comme allant en foire. L'apareil de cette armée sembloit si formidable aux Juifs mêmes, que la plûpart vendant ou emportant ce qu'ils pouvoient, précipitoient leur fuite, & s'expatrioient volontairement. Judas seul vit toute la grandeur du péril, & ne crut pas devoir désespérer.

Après s'être assuré de la résolution de ses troupes, en offrant de renvoyer ceux qui auroient peur, il les partagea en divers corps, auxquels il donna des chefs éprouvés. Il s'efforça d'inspirer à tous la confiance audacieuse & l'intrépide ardeur dont il se sentoit animé. Il n'étoit séparé des ennemis qui campoient dans la plaine d'Emmaüs, que par le revers de la montagne, quand tout à coup il dit aux siens sur le soir : » Prenez vos armes : ranimez tout le courage & toute la vigueur dont vous êtes capables, & tenez-vous prêts pour demain matin. Nous combattrons enfin, Dieu aidant, contre ces Nations injuſtes, armées pour nous perdre; car, duſſions-nous périr, il nous eſt meilleur de mourir dans le combat, que de vivre dans l'infamie & dans la miſére, témoins & victimes à la fois des derniers malheurs qui vont accabler pour jamais notre patrie, ſi nous ne nous hâtons de l'en délivrer. Préparons-nous donc à faire demain matin tout ce qui peut dépendre de nous, & repoſons-nous du reſte fermement ſur Dieu même ». Il inculqua ces ſentimens dans le cœur des ſiens, en leur faiſant lire avec apareil, par un des premiers Prêtres, quelques endroits analogues & touchants des ſaintes Ecritures.

En attendant ce matin déſiré, Gorgias faillit à leur rendre la nuit funeſte. Ce Général, vraiment militaire, jugeant bien que pour vendre les Juifs ce n'étoit pas aſſez de les mettre à l'encan, & que pour les prendre afin de les

livrer, falloit quelque choſe de plus que
des forfanteries, laiſſa ſes collégues dans
le repos oiſif & l'univerſelle abondance de leur camp, & fut, avec ſix mille hommes choiſis, ſurprendre au milieu de la nuit le camp borné des Juifs.
Mais Judas avoit l'art d'être inſtruit comme à point nommé, des démarches de
ſes ennemis. En conſéquence de celle-
ci, ſans ſe troubler, ni rien déranger de
ſon projet, il ſe contente d'accélérer
l'ordre pour l'exécution, & ſortant de
ſon camp à l'entrée de la nuit, il ſe
rendit par de ſecrets détours au point
du jour près du camp même de l'ennemi, d'où s'étoit détaché Gorgias. Dé-
couvrant tout ſans être aperçu, il vit la
négligence de ſes nombreux ennemis,
égale à leur ſotte confiance; &, comme
il s'y étoit attendu, d'après ce qu'il en
avoit fait obſerver, une partie de cette
armée étoit diſperſée dehors & autour
du camp, dans la plaine, ſans gardes,
& ſans précautions.

Judas, à cette vue, recueillit tous les
fiens, au nombre de fept mille, & les
ranima de nouveau par fes paroles. Il
leur remit devant les yeux les dérifions,
les prophanations, les blafphémes, les
infultes, les outrages de ces Domina-
teurs tyranniques, de ces cruels & irré-
conciliables ennemis de leur Nation,
de leurs loix, de leur religion, de Dieu
même ; il les conjura de ne fe laiffer
tromper par aucune efpéce de com-
pofition avec ces perfides, mais de penfer feulement à les combattre avec courage ; car, ajoutoit-il, » Ils fe fient fur
leur nombre, leurs armes & leur audace ; mais nous avons, nous, notre
confiance en Dieu, dont la toute-puif-
fance peut renverfer d'un clin d'œil tous
nos ennemis quels qu'ils foient, & le
monde entier. Rapellez-vous comment
vos peres furent victorieux de Pharaon &
des Egyptiens, de Sennachérib & des
Affyriens, par le feul fecours de Dieu.
Crions donc maintenant nous - mêmes

aussi vers le Ciel : non , le Seigneur ne
nous abandonnera point, il se souvien-
dra de son Peuple , & il brisera aujour-
d'hui toute cette armée sous vos coups ;
j'en atteste lui-même , vous l'allez voir ,
& toutes les Nations reconnoîtront qu'il
est un Dieu , Sauveur & Libérateur d'I-
sraël ».

Les Juifs transportés d'ardeur , s'é-
crient » qu'ils sont prêts à combattre sous
lui les hommes & les bêtes même les
plus féroces ; à franchir, pour joindre
l'ennemi , les brasiers ardents, les murs
de bronze & d'airain ; & enfin, à mourir
sur l'heure pour leurs loix & pour leur
patrie ». Alors, tournant l'espéce de ri-
deau qui les séparoit des ennemis ,
Judas & les siens se montrent à eux
dans la plaine. Ceux-ci , quoiqu'éton-
nés de cette audace qu'ils prennent pour
un dernier coup de desespoir , se ran-
gent en bataille pour les enveloper , &
osent encore se flatter de n'en laisser
échaper aucun. Mais le Héros, sans leur

laisser de loisir de se former au sortir
de leur camp, passe à la tête des siens
serrés en colonne, & fondant tous, de
furie, sur ces divers corps mal en ordre,
ils les renversent ; entrent pêle mêle
avec eux dans leur camp, & les en chas-
sent. Ils les poursuivirent loin au-delà,
tuant à droit & à gauche, tout ce qui
osoit les attendre, & ce qu'ils pouvoient
atteindre.

Les Victorieux s'étant arrêtés enfin
pour reprendre haleine, alloient se dédommager de leurs fatigues & de leurs
maux passés, par le pillage des immenses richesses du camp. Mais le grand
Capitaine auquel ils devoient cette victoire inespérée, sentant qu'elle n'étoit
rien moins qu'assurée & complette, tant
qu'il resteroit à craindre Gorgias : » Ar-
rétez , cria-t'il , gardez-vous de vous
laisser aller au desir du butin ; car il
s'en faut que nous ne soyons encore
pleinement victorieux. Gorgias & son
détachement ne peuvent qu'être ici près

de nous, fur ces montages. Demeurez
donc fermes à l'attendre ; préparez-vous
à combattre avec le même courage ce
refte de l'armée vaincue ; & quand nous
aurons ainfi triomphé de tous nos en‑
nemis, alors nous pourrons recueillir,
à loifir & en fûreté, toutes leurs riches
dépoüilles ».

Judas parloit encore ; on aperçut les
foldats de Gorgias qui regardoient de
deffus la montagne. On attendoit avec
impatience qu'ils fuffent defcendus pour
les charger. Ces troupes fatiguées,
croyant Judas enfui de peur, n'avoient
plus pour lui que du mépris ; mais elles
n'eurent pas plutôt vû, à la lueur des
flammes qui dévoroient déja quelques
endroits de leur camp, la déroute & le
défaftre de leur grande armée, que,
faifies de frayeur, elles n'attendirent
plus des talens de Gorgias qu'une fûre
retraite hors de la Judée, dont cette
victoire fut évidemment le falut. Telle
fut la journée d'Emaüs ; paffons à celle
d'Azot

Jonathas fut élu fucceffeur de fon frere, dont il avoit été le plus digne Lieutenant.» Depuis que votre frere Judas eft mort; lui dirent les anciens d'Ifraël, il ne fe trouve point d'homme femblable à lui pour marcher avec nous contre nos ennemis. C'eft pourquoi nous vous avons aujourd'hui choifi pour être notre Prince & notre Chef en fa place, & pour nous conduire dans nos guerres». Jonathas avoit, avec les fiens, l'avantage d'être accoutumé à gravir fur les rochers & fur les montagnes; à y vivre de racines, & à s'y abreuver également de l'eau claire des fources, & de l'eau trouble des torrens, en ne defcendant que le moins qu'il pouvoit dans les plaines, où le défaut de cavalerie l'auroit expofé. Apollonius, Général de l'armée Syrienne, défolé de ne pouvoir le joindre que par des détachemens que celui-ci battoit complettement dans les gorges de fes montagnes, crut avoir enfin trouvé le moyen

de

de s'en venger par un Défi outrageux qu'il motiva en ces termes.

» Je ſuis preſque devenu un objet de riſée & d'oprobre, en paroiſſant lutter avec vous, comme contre une armée baſtante & un ennemi digne de moi ; & cela uniquement parce que vous vous tenez cachés dans les antres & les cavernes de vos montagnes, où ma plus grande peine eſt de vous déterrer. Si vous aviez de l'ame & du cœur, il vous feroit facile de le montrer. Oſez deſcendre dans la plaine, & faiſons là l'eſſai de nos forces. Renfermés & comme enfouis dans les creux de vos rochers & les trous de vos montagnes, vous ignorez ce qui ſe paſſe dans le Monde, & vous ne ſçavez rien de rien. Vous aprendrez avec étonnement que la victoire n'a jamais trahi notre valeur. Quant à vous & aux vôtres, les moindres ſoldats de mon armée vous connoiſſent & vous mépriſent. Ils ſçavent que vos Peres, vaincus auſſi ſouvent qu'attaqués,

M

ont été fpécialement battus & mis en fuite dans ce même pays. Hé , fi vous ofiez fortir de vos montagnes, comment pourriez-vous foutenir l'effort de mon armée ? Vous trembleriez de peur à la vue feule de ma Cavalerie dans la plaine & dans les campagnes , où il n'y a ni pierres ni rochers pour vous cacher & favorifer vos fuites perpétuelles».

Cette infultante bravade, faite à fa nation entiére , émut Jonathas jufqu'au fond du cœur ; il réfolut de s'en venger. Laiffant ordre à fon frere Simon de le fuivre avec le refte de l'armée ; il fe mit en route avec dix mille hommes choifis ; & fut, tout d'une traite, s'emparer de la Ville de Joppé , fituée dans la plaine. Appollonius, prenant ce coup de vigueur pour l'emportement du dépit, s'aplaudit d'avoir fait tomber Jonathas dans le piége , en lui faifant quitter fes montagnes. Pour l'attirer de plus en plus dans la plaine, il feignit de lui prêter le flanc par une marche inconfidéréo vers Azot ; puis il ſe rabattit, & campa de maniere à commander le chemin du retour aux montagnes. Appollonius ſe croyoit d'autant plus ſûr de ſa proye, qu'outre l'extraordinaire ſupériorité de ſes forces, & ſur-tout de ſa Cavalerie, il avoit caché derriere lui un corps conſidérable de celle-ci, chargé de ſortir de l'embuſcade au moment de la mélée, pour prendre à dos les Juifs, qui devoient ainſi être environnés, & taillés en piéces.

Jonathas, fut averti à temps de la fauſſe marche de l'armée, ainſi que de l'embuſcade ; &, ce qui dût fort étonner, il ne laiſſa pas d'aller réſolument aſſeoir ſon camp entre l'une & l'autre. Appollonius dont les troupes nombreuſes n'eurent pas de peine à enfermer ce camp, fit, depuis le matin juſqu'au ſoir, tirer dedans par tous ſes gens de pied, & caracoler à l'entour toute ſa Cavalerie. Jonathas, modérant lui-même ſon ardeur, contint l'impatience des

fiens, qui, fermement couverts de leurs
boucliers, réunis en forme d'écaille de
tortuë, reçurent fans danger ces nuées
de traits , & laiſſérent toute la Cavalerie ſe fatiguer en vain à eſcarmoucher
& caracoler , comme l'Infanterie à ti-
railler. Mais, la fin du jour aprochant ,
& l'ennemi fier du ſuccès aparent de ſes
fanfaronades , ſe préparant à rentrer
glorieux dans ſon camp , ce fut alors
que Jonathas penſa à ſortir du ſien.

Ne daignant plus tenir compte de
cette Cavalerie tant vantée, qu'il voyoit
excédée de fatigue, il fit de ſes troupes deux fortes colonnes mutuellement
adoſſées en forme de quarré long , &
faiſant face de tous côtés. Il ſe mit à la
tête de l'une, donna le commandement
de l'autre à ſon frere Simon ; puis s'a-
bandonnant tous à l'impétueuſe ardeur
qu'ils avoient eu peine à retenir tout le
jour, ils fondirent avec une égale fureur ſur la Cavalerie & ſur l'Infanterie
également haraſſées , & ils firent ſur le

champ un carnage ſanglant de tout ce qui les entouroit. Ils ſe remirent après les fuyards vers la Ville d'Azot, qu'ils pri-rent d'emblée ; & ils les pourſuivirent au-delà, juſqu'à une entiere diſperſion. Ce ſuccès, le plus complet & le plus heureux qu'il ſe puiſſe, couronna de même la Journée de Cédron.

La mort de Jonathas & l'aproche d'une armée puiſſante qui, ſous le commandement de Triphon, devoit venger la gloire des armes Syriennes, & mettre tout à feu & à ſang dans la Judée, avoit de nouveau répandu la conſternation dans la nation Juive. Simon l'aîné, & déſormais le ſeul des freres Machabées, aſſembla le Peuple à Jéruſalem, & il le raſſura par ces paroles auxquelles la réputation de ſa haute ſageſſe donnoit un nouveau poids : » Vous ſçavez tous, dit-il, combien nous avons combattu, mes freres & moi & toute la maiſon de mon pere, pour la défenſe de nos loix & de notre religion, &

à quelles dures extrémités nous avons été réduits en conséquence. Tous mes freres font pér's martyrs de cette caufe, pour le falut d'Ifraël, & je fuis demeuré feul. Mais, à Dieu ne plaife que je veuille épargner ma vie; tant que nous ferons dans cet état de crife ! Je ne fuis pas meilleur que mes freres ; je m'expoferai fans plus de ménagement. Je me dévoue comme eux pour venger mon Dieu, & fauver mon peuple, nos enfans & nos femmes, de l'injufte fureur de nos cruels ennemis ».

Il fut interrompu par les acclamations, les bénédictions & les vœux dont on fit tout retentir, en lui déférant l'Autorité fouveraine. Ils s'écrient tous, remplis de courage : » Vous êtes notre Prince, comme l'ont été Judas & Jonathas vos freres ; conduifez-nous dans nos combats, & nous ferons tout ce que vous ordonnerez ». Simon, en qui la prudence avoit autrefois paru dominer, montra bientôt qu'il n'avoit

pas moins de courage. S'étant mis à ſuivre Triphon , il ſçut le côtoyer & le
harceler inceſſamment , avec tant d'art
& de vigueur , que celui-ci craignant
une cataſtrophe déciſive , crut devoir
s'y ſouſtraire par une ſuite précipitée ,
ou du moins par une retraite ſoudaine
& totale.

Simon , parcourant alors la Judée &
ſes frontiéres , réduiſit toutes les places
qu'y occupoit encore l'ennemi , & en
chaſſa toutes les garniſons. Il ſe livroit
enfin avec les ſiens aux charmes de la
paix, d'autant plus qu'il croyoit en avoir
aſſuré la durée par ſes alliances avec les
Grecs & les Romains , & avec les Rois
mêmes de Syrie , ci-devant ſes ennemis
déclarés. Cette paix & l'état floriſſant
où par ſa ſageſſe il mit en peu d'années
tout ſon pays , fut ce qui piqua la jalouſie & la cupidité des Miniſtres du
Roi de Syrie. Ils ranimérent l'ancienne
animoſité du Monarque contre la Nation Juive. On ſupoſa , de ſa part , à

Simon, des hostilités qu'on traita de révoltes & d'attentats ; on lui demanda des dédommagemens, on lui répéta des tributs dont on faisoit monter les arrérages & les intérêts à des sommes immenses. On osa exiger qu'il restituât, entr'autres places prétendues usurpées, la forteresse même de Jérusalem. Faute par lui de satisfaire incontinent à tout ceci, on lui déclaroit la guerre, & Cendebée, l'un des premiers Généraux Syriens, fut dès-lors chargé de la lui faire à outrance.

Le généreux Israélite voyant avec douleur l'inutilité de tout ce qu'il put dire ou faire pour maintenir la paix, crut que le meilleur moyen de la ramener au plutôt, étoit de pousser la guerre avec la dernière vigueur. Mais accablé sous le poids des années qui lui interdisoit l'action, il recueillit les forces de son esprit & toute la capacité de sa grande ame, pour préparer, &, autant qu'il se pouvoit, assurer le succès des opérations. Il ne pouvoit les effectuer perſonnellement ; mais nul n'étoit plus capable que lui de les diriger ſupérieurement, par la connoiſſance qu'il avoit du génie & des mœurs, du foible & du fort des ennemis, avec leſquels ſa longue expérience l'avoit familiariſé.

» Mes enfans, dit aux ſiens le Vieillard magnanime, nous avons battu & humilié, mes freres & moi & toute la maiſon de mon pere, les ennemis d'Iſrael, depuis notre jeuneſſe juſqu'à ce jour : & les affaires ayant réuſſi ſous notre conduite, nous avons eu le bonheur d'affranchir notre Nation. Mais me voilà devenu vieux : Prenez donc ma place, mes enfans ; tenez-nous lieu de mes freres, & allez, avec l'héroïque audace de vos oncles, combattre pour votre peuple. Daigne le ciel, témoin de la juſtice de notre cauſe, guider & couronner les efforts de votre valeur »!

Sans s'aſſujettir à l'ordre gênant du

Tableau, qui souvent laisse des héros
cachés & perdus dans une foule d'Officiers vulgaires, Simon déclara Géné-
ralissime Hircan, son puiné, dont la bravoure & les talens prématurés annon-
çoient un autre Judas : & il lui confia
avec vingt mille hommes des meilleures troupes de la nation, le plan ou le
projet dont la prudente & courageuse
exécution devoit assurer la victoire, &
de nouveau sauver Israël. Hircan, digne
éleve de son pere, en état de suivre ses
instructions héroïques, & d'y supléer
au besoin, se mit en marche au - devant de Cendebée. Ce Général, comme
la plûpart de ses prédécesseurs, étoit
plein de confiance en ses forces, &
croyoit la nation peu nombreuse des
Juifs, à peine en état de faire quelque
défense, lorsqu'il iroit consommer la
conquête de tout leur pays par la prise
de Jérusalem. Son armée cependant sé-
journoit à loisir & ravageoit tout, au-delà du torrent de Cédron.

Hircan fut le chercher, & par la diligence d'une marche finement dérobée, il ſe montra tout-à-coup ſur la rive en deçà du même torrent. Sans laiſſer aux ſiens le loiſir de trop conſidérer l'impoſant apareil de la nombreuſe armée Syrienne, le Général Hébreu ſe jette à leur tête dans les eaux du torrent qui les ſéparoit de l'ennemi, & les range auſſi tôt en bataille de l'autre côté ; plaçant ſinguliérement toute ſa cavalerie au centre, & ſon infanterie, en deux corps ou colonnes, ſur les ailes. Cendebée ſurpris de cette bruſque arrivée, & de cet ordre extraordinaire, paroît d'abord ne ſçavoir pas trop quelle forme donner à la multitude de ſes troupes de toutes eſpéces. Hircan alors lui enlevant juſqu'au loiſir d'en délibérer, fait précipiter ſon centre ſur celui des ennemis, l'entr'ouvre, y fait donner en même-tems ſes deux ailes, qui achevérent de tout enfoncer & détruire à droite & à gauche ; de façon qu'il ne resta bientôt plus en Judée, de tout cet effrayant apareil des forces de l'Asie, que dix mille hommes tués sur la place.

Quelques personnes apuient à dessein sur le merveilleux de ces exploits du peuple de Dieu, comme pour faire entendre qu'en les admirant, on est dispensé de songer à les imiter. Mais ces principes des Héros du peuple de Dieu, notamment des Machabées, sont vraiment, dit le Chevalier Follard, les grands Principes de l'art & de la profession, qu'il est à la vérité plus facile d'admirer, mais qu'il n'est cependant point du tout impossible d'imiter. Leur petit nombre, loin de faire accuser ou soupçonner leur audace de témérité, est précisément ce qui met le sçeau à leur gloire, & à celle des plus grands guerriers de tous les siécles, qui sçurent comme eux supléer le nombre par la prudence, par le courage, par le génie, par des chef-d'œuvres de conduite & de valeur.

Indépendamment des batailles & des combats décififs qu'ils ont été contraints de rifquer contre ces grands Corps des armées Syriennes , qu'ils auroient bien mieux aimé pouvoir à loifir furprendre , battre, & fondre , en quelque façon, par parties & comme en détail ; il y a eu fous eux un nombre prefque infini d'actions & d'expéditions de toutes les fortes, contre les Samaritains , les Ammonites, les Iduméens , & les Arabes. De toutes ces diverfes expéditions , il n'y eut de malheureufes , que celles qui fortirent du plan de ces grands hommes, & que leurs Auteurs , jaloux ou préfomptueux, entreprirent , avec un courage qu'ils ne leur laiflérent point diriger.

Ainfi , Jofeph & Azarias , deux des principaux Officiers de la Nation , laiffés par Judas qui les connoiffoit , à la garde du Pays , avec ordre de s'en tenir à la défenfive , fe dirent l'un à l'autre , en aprenant fes fuccès & ceux de fes freres : « Signalons aussi notre courage, & rendons notre nom fameux par quelque éclatante victoire » : *Faciamus & ipsi nobis nomen & eamus pugnare.* Ne croyant pas qu'avec cette bonne volonté, il fût besoin de plus de capacité, ils se mettent en campagne, pour chercher l'ennemi. Mais cet ennemi, qui étoit Gorgias, tout autrement habile qu'eux, ne les eut pas plutôt vus, comme il le vouloit, hors des lieux forts & avantageux où Judas les lui avoit rendus redoutables, qu'il leur épargna la peine de le chercher plus long-tems. Il fut au-devant d'eux, leur donna brusquement l'allerte & l'alarme qu'ils croyoient lui porter, tua une partie de leurs troupes, mit l'autre en fuite, & substitua aux glorieux triomphe dont nos Généraux étourdis s'étoient legérement flattés, une défaite honteuse qu'ils n'avoient apréhendée ni prévue : *Quia non audierunt Judam, existimantes fortiter se facturos.*

L'armée d'Israël s'étoit ainsi fait battre autrefois par les Cananéens, en s'obstinant à les attaquer, sans ordre, & sans autre guide que l'aveugle excès de son courage, dont elle fut dupe & victime. Autant en prit encore, sous les Machabées à quelques autres Chefs, de l'ordre Sacerdotal, qui se firent tuer fort inutilement, » Croyant signaler leur valeur, & se faire un nom, en allant combattre sans ordre » : *Ceciderunt, dum volunt fortiter facere, & sine consilio exeunt in prælium.*

Il n'en est pas ainsi de Judas & de ses freres, dont une capacité supérieure dirigea toutes les entreprises & sçut les faire réussir. Que si, dans la chaleur de l'action, ils semblent quelquefois emportés par leur courage ; c'est que, par la position qu'ils ont sçu prendre à l'égard de l'ennemi, par la surprise & le trouble où ils ont sçu le jetter, par la maniére dont ils ont sçu tout prévoir, & tout préparer, il ne leur reste plus en effet qu'à se livrer à cette impétueuse ardeur de courage, dont le foudroyant abord étoit, après avoir tout disposé d'ailleurs, leur grand espoir & comme leur dernier coup de hache, pour entamer &, d'un même effort, enfoncer, renverser, & détruire enfin ces colosses d'armées toujours infiniment plus nombreuses, qu'ils avoient en tête.

Judas, regardoit spécialement la violence & l'impétuosité du choc, & cette espéce de fougueux emportement de valeur, comme sa principale ressource, & l'instrument décisif de ses victoires. C'étoit ce à quoi il s'efforçoit d'animer ses soldats, par ses courtes, vives & admirables harangues : il ne leur cachoit point, à la vue de l'ennemi, que l'essentiel étoit de l'enfoncer ; que de cela seul désormais dépendoit leur victoire & le salut de la nation : *De quibus extolli posset impetus confligere fortiter, ut virtus de negotiis judicaret.*

Généralement parlant, à la guerre,

dans les combats mêmes & dans les batailles, ce n'eſt point le nombre qui fait
ni les vaincus ni les vainqueurs : c'eſt l'ordre, l'art, la prudence, l'intelligence &
la conduite, c'eſt le génie qui manque
plus ou moins aux vaincus, & qui ſe trouve plus ou moins chez les autres ; mais qui
domina ſpécialement dans les plans & les
opérations des ſaints Guerriers du peuple de Dieu : témoin cette mémorable
journée d'Azot, où nous avons vû Jonathas ſurprendre, jouer, battre & vaincre
ſi glorieuſement l'armée infiniment ſu-
périeure du préſomptueux Appollonius.
Cette manœuvre, qui, ſelon le Chevalier Follard, n'a preſque d'égale que
celle de Joab à la bataille de Médaba,
eſt, dit-il, vraiment admirable, autant
par l'excellence de ſa diſpoſition, que
par la bravoure de ſon exécution. Elle
fait voir qu'un corps d'Infanterie, ſur
une grande profondeur, les rangs & les
files ſerrés, eſt toujours dans ſon avantage, quelque ſituation de pays où il ſe

trouve, obligé de combattre, foit contre la Cavalerie qui femble fi redoutable dans les plaines, foit contre l'Infan-
terie, fi l'Antagonifte n'attaque dans un
ordre femblable. Appollonius montre
qu'il eft dans l'erreur contraire, par fes
fanfaronades ; le brave Ifraélite le tira
bientôt d'erreur, & lui fit voir que le
petit nombre vaut mieux que le grand,
lorfqu'un habile homme fe méle de le
conduire.

Le Chevalier, intimement perfuadé
de cette maxime, l'inculque de nouveau,
à l'occafion de la défaite de Cendebée
par les Troupes de Simon. La victoire,
dit-on, eft pour les gros efcadrons. Non,
certainement, reprend-il, mais pour les
petits, bien conduits & bien menés. Il
faut que ceux-ci l'emportent fur les gros :
car à la guerre, encore une fois, le nombre ne fait rien.

Cette Maxime héroïque fe prouve par
l'exemple des plus grands hommes de
guerre, tant anciens que modernes,

Miltiade, Themiſtocle, Léonidas, Age-
ſilaüs, Epaminondas, Annibal, Sertorius, Scanderberg, & juſqu'à Turenne,
qui diſoit que les grandes armées étoient
également à charge à elle-mêmes, & au
Général qui les commandoit. Cette maxime ſe juſtifie ſpécialement encore par
l'exemple de Judas, à la bataille de Laïce,
où fut tué ce héros. Quoique réſolu dès-
long-tems & en toute occaſion, à mourir ou vaincre; il ne perdit néanmoins
jamais l'eſpoir de la victoire, qu'il
manqua cette fois de ſi peu, & il avoit
fait là même, tout ce qui ſe pouvoit faire pour fonder & réaliſer ſon eſpoir.

En effet, quoique l'action de ce Héros, qui ſe réſout d'attaquer avec huit
cens hommes une armée de plus de
vingt mille, ne ſoit pas commune, il
faut cependant bien ſe garder de l'ac-
cuſer de préſomption, de témérité ou
de déſeſpoir. Cette attaque d'une réſolution ſi déterminée, ſurprend beaucoup, dit Follard, ceux qui ignorent

que l'histoire est remplie de ces sortes
de faits extraordinaires. Mais on revient
de cette surprise, lorsqu'on considére
qu'un Chef habile & entreprenant, qui
connoît la valeur & l'audace déterminée
de ses troupes, ne désespére jamais dans
un coup de nécessité où, la retraite étant
inséparable de la honte ou de la mort,
il faut décidément vaincre ou périr.

Ainsi, Jonathas se trouvant réduit
avec les siens à l'extrémité, dans une
position équivalente à celle des Romains aux fourches Caudines : » Amis,
s'écrie l'intrépide Général, sans rien
déguiser du péril commun, il n'en est
pas aujourd'hui comme hier & avant-
hier, où nous pouvions au moins prendre en sûreté le parti de la retraite ; le
Jourdain deçà & delà, avec des rivages
désavantageux, des marais, des bois,
qui rompent l'armée : il n'y a pour
nous ici d'espoir & de salut que dans
le combat & dans la victoire. Ranimons
donc notre courage & toute notre vi-

gueur, pouſſons nos cris vers le Ciel, & Donnons ». A ces mots, Jonathas & les ſiens fondent ſur l'ennemi, maître des défilés, l'enfoncent de furie, tuant tout ce qui oſe leur faire tête, & ſe frayent enfin un glorieux paſſage, là même où l'on croyoit leur avoir opoſé la plus invincible barriére, & fermé toute iſſue.

Si tous les Lâches, officiers ou ſoldats, étoient expulſés d'une Armée, au moment d'une action déciſive, il en reſteroit peu : mais ce peu délivré de cette Canaille, aux termes du Chevalier Follard, feroit infiniment plus d'effet que quand les poltrons demeurent péle méle avec les braves, dont ils ne peuvent qu'empêcher & gêner l'héroïque ardeur. On peut comparer l'effort intrépide & déterminé de ces corps de Braves aguerris & bien menés contre les plus fortes armées vulgaires, à l'action de ces corps de fer, trempés & acérés, contre les plus groſſes maſſes de toute autre matiére, qu'ils viennent à bout de diviser & de mettre en piéces.

Cela parut encore à Modin, d'une maniére éclatante. L'armée d'Antiochus, forte de plus ʼe cent mille hommes, & commandée,   ʼs lui-même en perfonne, par fes ꞁ ꞁ habiles Généraux, traînant d'ailleurs   fa fuite le plus effrayant apareil de guerre, foumettroit tout par fa feule préſence. Quelques jours encore de marche la rendoient à Jérufalem, & la deftruĉtʼon de cette Capitale y alloit fceller de nouveau la fervitude de fes Habitants & ʼe nouvel efclavage de toute la Nation. Tout Ifraël n'avoit alors d'autres fecours que Judas & les fiens réduits à une efpéce de c mp volant. Le peuple éperdu croyoit prefque téméraire & périlleux qu'ils s'expofaffent à être feulement aperçûs par les Coureurs de l'armée du Grand Roi. Mais ce peuple étoit peuple, & aparemment ne fçavoit pas encore aprécier le Héros qui, ayant été déjà fon libérateur, devoit être ici, de nouveau, fon Sauveur.

Ce Général, par l'art & le fecret de fes marches foudaines & rapides, fçavoit prefque à fon gré fe rendre invifible & inabordable aux ennemis qui le cherchoient, & leur tomber deflus, lorfque, pour ainfi dire, ils ne penfoient pas à lui. Il étoit rarement plus prêt d'affronter l'ennemi, que quand on l'en croyoit plus éloigné & plus incapable : Il le fit voir en ce preffant befoin. Choififfant entre tous fes braves ceux qu'il connoiffoit être à la fois les plus ardents & les plus robuftes, il franchit de nuit avec eux, roches & rochers ; & par la connoiffance & l'ufage habituel des lieux les plus efcarpés, il fe trouve comme tranfporté, de nuit encore, au milieu des divers quartiers de cette terrible armée Royale. S'arrêtant pour reprendre haleine, il porte, par la brûlante énergie de fes paroles, le courage de fes déterminés jufqu'à l'enthousiasme ; & leur ayant donné pour Mot, non pas des Noms stériles ou plaisans, mais *la Victoire de Dieu*, il court assaillir de furie le quartier même du Roi, cette principale tête de l'Hydre qui vient dévorer son peuple. Il perce, pénétre, renverse tout, y fait un carnage affreux ; & il se retire, encore à tems, avec les siens ; au point du jour, comme un Lion sortiroit avec ses lionceaux d'un parc de moutons : laissant l'armée qui accourut trop tard à ce spectacle d'horreur, consternée & desespérée par la honte & par la douleur de cette nouvelle surprise, également honteuse & funeste.

Un Général surpris, dit ici le Chevalier Follard, quand même il auroit le tems de se mettre en bataille, est un Général à demi vaincu ; cette maxime est indubitable. L'essentiel est de sçavoir surprendre ceux mêmes qui craignent de l'être, d'en chercher & amener, d'en faire naître même & d'en bien saisir les occasions différentes, les divers & nombreux

breux moyens, comme fit ici Judas, qui, sçachant que les ennemis alloient de jour, en ordre & avec précaution, *Caute & ordinate*, sçut épier & saisir la nuit, pour leur livrer le violent assaut qui l'en délivra.

Rien ne prouve davantage, dit encore notre Auteur, l'intelligence & la capacité d'un Général, que les Rufes dont il se sert, quand il ne peut employer la force ouverte pour vaincre son ennemi. La furprise est le moyen le plus sûr & le plus honorable. Communément des ennemis fupérieurs, par la trop grande opinion de leurs forces, se tiennent moins sur leurs gardes. Rien n'est plus ordinaire que la négligence & le peu de prévoyance d'un Général qui se voit à la tête d'un armée infiniment fupérieure à celle de son ennemi ; il ne peut imaginer qu'on ait feulement la penfée de l'ofer attaquer ; fes foldats de même dorment fur cette confiance, & en font plus négligens. C'est ce qui donne occa-

sion à ces entreprises extraordinaires ,
& presque toujours heureuses, du foible
contre le fort. On ne sçauroit trop re-
marquer ceci ; les petites Armées bien
conduites & bien commandées ont été ,
de tout tems , en possession de battre les
plus grandes ; & il y a plus d'exemples
dans l'histoire , de la défaite de celles-ci ,
que du désavantage des autres , qui ont
eu l'audace de les prévenir & de les
surprendre.

La journée de Samarie , détaillée au
troisiéme livre des Rois, en est une preuve singuliere. Bénadab , Roi de Syrie ,
campoit à la vue de cette Capitale d'Ifraël , avec un monde de Soldats. » Que
les Dieux me traitent dans toute leur
sévérité , disoit-il , si la poussiere de Samarie suffit pour remplir seulement le
creux des mains de ceux qui me suivent » . Après avoir tenté en vain d'en im-
poser au Monarque Syrien , par une con-
tenance ferme , en lui faisant dire que
ce n'est pas lorsqu'on prend les armes

qu'on doit ſe vanter, & qu'il faut du
moins attendre qu'on les quitte ; le Roi
d'Iſraël parut conſterné. Mais bientôt
rapellé avec les ſiens, par un homme
de Dieu, aux grands principes de courage & de confiance que fonde la religion,
il ſort de la Ville avec ſept mille hommes, précédés d'une troupe de deux
cents, choiſis ſur le cortége des Princes
& des principaux Officiers de la nation.
Le Roi Bénadab étoit yvre, quand on vint
l'avertir qu'un corps de troupes ſorti
de la Ville étoit en marche vers ſon
camp. » Soit qu'ils viennent ſe rendre,
dit-il, ou qu'ils veuillent combattre,
qu'on les ſaiſiſſe, & qu'on me les ame-
ne vivants ». Il continua de boire avec
une trentaine de Princes, qui, à ce titre, partageoient le commandement de
l'armée, où ils n'étoient propres qu'à
cauſer de l'embarras. Mais ceux d'Iſraël, ayant à deſſein, laiſſé aprocher les
premiers qui vinrent les reconnoître,
tombérent tout-à-coup ſur eux, & les

mirent en piéces. L'armée entiere qui voit cet échec, auquel elle étoit si loin de s'attendre, passe dans le moment, de la surprise à l'effroi, & s'enfuit avec une telle précipitation, que le Monarque, lui-même & ses Princes, eurent à peine le tems de sauter à Cheval pour suivre leurs gens, dont ils completterent la déroute.

Dans des pays coupés, remplis de hayes & de fossés, conséquemment dans un pays tel que la Judée, qui est remplie de montagnes, de rochers, de lacs & de torrents, un Commandant qui aura l'esprit audacieux, avec trois ou quatre cens hommes, vous fera, dit le Maréchal de Saxe, un désordre affreux, & vous attaquera fort bien une Armée en marche. Quelque bien conduite que soit une retraite, tout le monde y contracte une espéce de timidité, qui fait que vous êtes à moitié battu. De même, quelque fortifiés que soient des Retranchemens, l'obligation de rester derriere

vous rend timide , & au contraire , audacieux celui qui attaque ; parce qu'il
ne craint rien, ce qui fait les trois-quarts
du gain d'une affaire.

Les Généraux & autres Militaires qui
manquent d'expérience & de hardieffe ,
ne font pas ceux qui goûtent ces fortes
de deffeins. Ils les envifagent d'abord
comme téméraires , quoique , dans le
fonds, ils ne foient que hardis. Comme
le nombre de ces gens-là n'eft pas petit ,
il ne faut pas s'étonner fi ces manieres
de penfer font fi ordinaires ; c'eft ce qui
fait que ces fortes d'entreprifes font prefque toujours heureufes. Un Miniftre &
des Généraux pufillanimes & bornés ,
renvoyerent avec une impertinente dé-
rifion au recit de fon breviaire, le Prêtre auteur du confeil que faifit enfin le
Maréchal de Villars , & par lequel il
fe couvrit de gloire & fauva la France en battant le Prince Eugene à Dé-
nain. M. de Turenne , le plus grand Capitaine qu'on ait vû depuis les anciens,

ne fut-il pas furpris lui-même, battu &
diffipé par des forces très-inférieures,
& par les débris mêmes d'une armée qu'il
venoit de battre ? Si un fi grand Chef de
Guerre qu'eft celui-là, s'eft vû furpris &
enveloppé dans un tel piége, que ne
doit-on pas efpérer d'un autre tout femblable, que l'on tend à un ennemi moins
habile & moins éclairé ? Car, depuis un
tel homme jufqu'aujourd'hui, difoit le
Chevalier Follard, & d'aujourd'hui en
trois fiécles, il eft douteux qu'il en pa-
roiffe jamais un qu'on puiffe lui égaler.
L'effentiel eft le fecret de la marche,
& la maxime de Céfar : » Tomber fur
l'ennemi, avant qu'il fçache qu'on penfe à
marcher vers lui : *Prius veniffe quam ven-*
turum effe fciant hoftes.

Un Général habile, hardi, ferme &
réfolu, à la tête d'une armée inférieu-
re à celle qui lui eft opofée, peut par
fon courage, par fon adreffe & fa bonne conduite, mener auffi haut à la main
fon antagonifte, que s'il en avoit une

bien forte. De petites Armées qui ont de tels Généraux à leur tête, ſont celles qui ſont le plus à redouter, & les plus propres aux entrepriſes extraordinaires. On y conſidére toujours moins la difficulté que l'utilité. Quoiqu'une armée ſoit en échec, & qu'elle ſemble au vulgaire devoir être infailliblement battue ; tant qu'il reſte du courage & de la bonne volonté dans les Troupes qui la compoſent, un Chef habile & de grande valeur, ne doit jamais déſeſpérer de rien.

L'élévation d'ame & la profonde connoiſſance de la guerre ne brillent jamais mieux que dans les occaſions critiques & les infortunes même les plus terraſſantes. Elles fourniſſent des lumiéres & des reſſources ſurprenantes, auxquelles on ne ſe feroit jamais attendu. On ne connoît jamais mieux le caractére d'un Officier vraiment homme de guerre, que dans ces conſeils où il s'agit d'une entrepriſe importante, har-

die & périlleufe. Après avoir été battu ,
une Retraite honorable eft quelque chofe ; mais un grand Général peut faire
plus, comme le prouve au long le Chevalier Follard , dans fes Commentaires
fur Polybe. Il ne tint pas à lui que nous
n'en euflions une preuve des plus écla-
tantes à la journée de Malplaquet , où
après la bataille , il ne balança point
à propofer de retourner contre l'ennemi. Si l'on eût fuivi cette réfolution
généreufe, adoptée & foutenue par deux
des Prémiers Militaires d'alors , le
Marquis de Goébriant qui venoit de
fauver la Provence , & le Marquis depuis Maréchal de Puyfégur , notre Armée étoit pleine de cœur , & nous étions
vainqueurs , dit le Chevalier , qui crut
toujours que fon avis eût été, dans cette
occafion , la gloire & le ·falut de la
France.

Ainfi , Jonathas encore , fe voyant
laiflé prefque feul fur le champ de bataille , près de Génefar , par la déroute

de ſon armée , tombée d'abord dans une embuſcade , & ſaiſie d'une eſpéce de terreur panique , le généreux Iſraélite , qui pouvoit ſe laiſſer entraîner dans la fuite des ſiens , & ſe donner l'honneur d'aſſurer leur retraite , n'en fit rien. Pleurant de douleur , il ſe livre aux mouvemens d'une eſpéce de ſainte fureur , la communique au petit nombre des Braves reſtés avec lui , court avec eux ſe précipiter ſur l'ennemi qui s'aplaudiſſoit de ſa victoire , la lui arrache avec tranſport ; & par le retour de ſes fuyards , qui , frapés de ſon éxemple , revinrent en frémiſſant venger leur affront , il s'aſſura un triomphe complet. Tant il eſt vrai qu'à la guerre le nombre & la force ne font rien contre l'intrépide audace de l'active & intelligente valeur.

C'étoit la maxime favorite des Machabées , qui prirent un ſoin particulier de l'inculquer en toute occaſion. » Quel que ſoit le nombre de nos ennemis, difoient-ils aux leurs, raffurez-vous, ne les craignez pas, n'en ayez nulle peur: car il eft aifé que peu de gens en battent beaucoup. Si Dieu eft pour nous, il n'y a point de différence à fon égard entre un grand & un petit nombre. La victoire ne dépend point de la grandeur des armées, c'eft du ciel, qui en a fait le prix de la bravoure & de l'héroïque valeur des fiens»: *Facile eft concludi multos in manu paucorum ; nec in multitudine exercitus victoria belli : fed de cœlo fortitudo eft.* Cette maxime des Héros fut héréditaire & comme innée dans tous les autres dignes Chefs du peuple de Dieu, dont elle éleva l'intrépide confiance au-deffus des plus imminens périls & des plus effrayans dangers. Nous n'en citerons plus qu'un éxemple, C'eft celui de Jonathas, fils du Roi Saül. Ce Héros, jeune encore, fecondé d'un feul Ecuyer, livré comme lui par le fentiment de cette maxime au fublime enthoufiafme, de la valeur, attaque & emporte en plein jour, un poſte preſque inacceſſible.

»Oſez me ſuivre, dit-il un jour à cet Ecuyer, allons joindre l'ennemi qui nous brave ſur cette roche. Qui ſçait ſi Dieu ne nous en feroit pas triompher ? Car la multitude n'eſt ici rien à ſon égard, & il lui eſt également aiſé de donner la victoire avec un grand ou avec un petit nombre : *Non eſt Domino difficile ſalvare vel in multis vel in paucis.* Si, continue le jeune Prince, l'ennemi nous voyant gravir vers le ſommet qu'il occupe, nous crie de faire alte & de l'attendre ſur le penchant du roc ; il eſt ſur ſes gardes, n'avançons pas, ce feroit trop tenter Dieu, ce feroit nous perdre gratuitement. Mais ſi dans l'yvreſſe d'une ſotte confiance, il nous laiſſe tranquillement arriver juſqu'à lui, la tête lui aura tourné, Dieu ſe déclare; & ſi mon augure n'eſt vain, cette journée nous couvrira de gloire, & ſera le falut d'Ifaël». A ces mots, Jonathas & fon Ecuyer s'élancent vers l'ennemi, comme deux lions affamés. Celui-ci les prenant aparemment pour des ruftres égarés dans les détours efcarpés du roc, & préts à trébucher à chaque pas, rit de leurs pénibles efforts & les encourage, à deffein fans doute de prolonger fon divertiffement. Mais il ne fut pas long. Le couple héroïque parvenu jufqu'aux Rieurs, les charge tout à coup avec une furie, dont la furprife & l'effroi leur font perdre cœur & téte, au point de fe culbuter pêle mêle, de s'enferrer & de s'entretuer les uns les autres. Ceux qui échapérent de cette étrange mêlée, s'enfuirent éperdus vers leur grande armée, la rempliffent de trouble, de terreur ; & la livrent ainfi plus d'à moitié défaite, à l'armée de Saül, qui furvint bientôt, & en acheva l'entiére deftruction.

Maintenant donc, au lieu d'aller ridiculement avec Rouffeau, fupofer les

Chrétiens ſelon leurs principes & leurs ſentiments, victimes & dupes d'un ſtoïciſme abſurde, auſſi-tôt battus, écraſés & détruits qu'attaqués par quelque ennemi que ce fut ; ne ſeroit on pas mieux fondé à préſupoſer le contraire, d'après l'Ecriture même, régle invariable, dépôt ſûr & ſacré de leurs principes & de leurs ſentiments ? On en peut juger encore par le trait ſuivant, qui s'offre ici trop naturellement pour l'omettre.

Des Officiers envoyés par Moyſe à la découverte, en reviennent ſaiſis d'une terreur panique, & la communiquent à l'Armée. Celle-ci, perdant de vue ces grands principes de vertu & de religion qui lui ont fait faire des prodiges, refuſe net d'aller à l'ennemi. » C'eſt, diſent hautement les plus ſéditieux de cette armée pervertie ainſi tout-à-coup, c'eſt une témérité, une extravagance de marcher contre de tels ennemis. Ce ſont des Hommes d'une force & d'une nature extraordinaire, endurcis aux

travaux, armés jufqu'aux dents ; ce font
des Géants d'une figure coloffale , près
de qui nous ne fommes que des Nains ;
c'eft, du nord au midi , dans les plaines
& fur les montagnes, le long de la mer
& des fleuves , par-tout, c'eft la race
monftrueufe des fils terribles d'Enag ;
nous en ferons dévorés. Près d'eux nous
ne femblons que des mouches & de
chétifs infectes, qu'ils vont écrafer tout
d'abord. Oui , nous mener contr'eux ,
c'eft nous conduire à la boucherie ; c'eft
vouloir nous faire périr tous, fans qu'un
feul échape. Leur frontiére fera le fépulchre de notre Armée, le tombeau de
notre Nation. Gardons-nous donc bien
d'y aller ; loin d'ofer les combattre ,
hâtons nous de les fuir, & de chercher
notre falut dans la retraite , qui feule
peut nous le procurer ».

Tel eft le langage du peuple même
d'Ifraël , abandonné aux confeils de la
nature , qui , n'ayant pour but que fa
confervation propre & actuelle, groffit

démesurément les périls qui la menacent, & rend incapable des généreux efforts, nécessaires pour s'en affranchir. Mais Caleb & Josué, entr'autres braves Officiers restés fidèles à ces grands principes de vertu & de religion, & rendus par eux supérieurs aux pusillanimes suggestions & à tous ces lâches ménagements de la prudence humaine, tiennent bien un autre langage, une autre conduite.

Rangés près de leur Général, d'un air comme d'un cœur intrépide, » Quoi ! s'écrient-ils aux rebelles qui les environnent, quelle est cette honteuse défiance ? D'ou vient ce lâche découragement, ce criminel desespoir ? Peuple de Dieu ! Non vos ennemis, qui font les siens, ne font pas invincibles, nous les connoissons. Mais pour les vaincre, au moins faut-il les combattre. Le Dieu des armées est le nôtre. S'il est pour nous, qui pourra tenir contre nous ? Gardons-nous donc bien d'attirer sur nous sa

colére ; efforçons-nous plutôt de mériter de plus en plus son secours. Nos
ennemis ne sont point tant à craindre ;
osons les voir, les combattre ; dès-lors,
la Victoire est à nous , & nous livre
avec eux tout leur riche Pays. Vive le
Seigneur , s'écrie nommément Josué ,
quand nos ennemis seroient aussi redoutables qu'on voudroit le faire croire ; avec l'aide de Dieu , nous les bat-
trons, nous les détruirons : & loin qu'ils
nous dévorent, comme on n'a pas honte
de le dire , nous les mangerions , nous
les pourrions dévorer plutôt eux-mêmes » : *Sicut panem itá possumus eos de-
vorare.*

Reconnoît-on dans le feu brûlant &
la dévorante ardeur de cette confiance
courageuse des Saints, la résignation
stupide que leur prêtent MM. Bayle &
Rousseau, & cette espéce d'inertie qui
les dégraderoit du rang d'hommes, pour
en faire autant de Statues immobiles &
d'insensibles Automates ? Hé de quels

exploits les plus célébres Guerriers Grecs & Romains furent-ils capables, qu'on ne puiſſe attendre également, & même à plus forte raiſon, de Militaires guidés ainſi par les principes & animés par les ſentimens de vertu & de religion ? Il n'en eſt point.

L'Ecrivain célébre du Siécle de Louis XIV, obſerve dans le Précis du Siécle de Louis XV, que la Piété, la Ferveur, la plus haute Dévotion, augmentent encore la Valeur naturelle des plus intrépides. Tout homme inſtruit & de bonne foi l'avouera ſans peine avec lui, Oui, une Armée compoſée d'homn.es vraiement vertueux & chrétiens, ſeroit invincible. Il eſt d'ailleurs clair & univerſellement avoué, que, ſelon ces mêmes principes qui les rendent formidables & invincibles à l'Ennemi, des Militaires vertueux & chrétiens feront à l'égard des citoyens & compatriotes ou alliés avec leſquels ils auront à vivre, non-ſeulement juſtes, intégres & irréprochables ; mais encore , selon toute l'étendue de leurs devoirs & des divers moyens de leur état , honnêtes , doux , sensibles , humains , généreux , bons & bienfaisants.

C'est ce concours, c'est la réunion de cette double qualité d'une bravoure & d'une bonté, d'une valeur & d'une vertu supérieures , qui a consacré la mémoire des Héros, constamment chers aux peuples & précieux aux Nations. Ceux qui ont paru courageux & braves , sans être justes & bons, purent exciter une admiration stérile. Ceux dont le courage & la bravoure prodiguérent le sang pour le salut des Peuples , par principes d'équité & de bonté , de vertu & de religion, s'assurent à la fois , outre l'admiration , l'estime & l'amour , la tendre & affectueuse vénération de ces peuples.

Cela se vit singuliérement à la mort de Jonathas , fils aîné de Saul , tué en combattant près du Roi son pere , pour

le Salut de ſon Pays, à la bataille de
Gelboé. Ce Héros d'Iſraël eſt un de ceux
dont la mémoire doit être le plus pré-
cieuſe aux dignes Militaires de toutes
les Nations, attendu qu'il eut le rare &
glorieux avantage d'être, en ſon tems,
le plus beau & le plus brave des Princes, le meilleur & le plus aimable des
Hommes. C'eſt le témoignage que lui
rend, au milieu de l'armée & de toute
la nation, un autre Héros, David même, qui, quoiqu'héritier du Trône par
ſa mort, la déplora d'une maniére qu'on
ne peut lire encore, dans les ſaintes
Ecritures, ſans attendriſſement.

»O Iſraël, s'écria-t'il, dans l'amertume qui ſaiſit tous les cœurs, aux premiéres nouvelles qu'on en reçut; quels
illuſtres Héros, quels braves & puiſ-
ſants défenſeurs tu viens de perdre !
Quel deuil, quelle douleur accablante
pour toi ! Quelle fête, quel tranſport
de joye pour l'ennemi ! Montagnes de
Gelboé, montagnes déſaſtreuſes que

couvrent les armes brifées & les corps
fanglants de nos Guerriers, Maudites
foyez-vous à jamais ! Puiffe votre fein
funefte être voué déformais à une éternelle ftérilité ! O Saul ! ô Jonathas !
Guerriers plus vîtes que les Aigles, &
plus courageux que les Lions, comment avez-vous fuccombé dans le combat ? Comment êtes-vous morts, comment avez-vous été tués les armes à la
main, ô Vous, dont les fléches & les
traits ne manquerent jamais leur but ;
vous, dont la lance & l'épée fraperent
toujours à coup fûr !

» O Saul, continue David ! ô Jonathas,
ô Princes, peres & protecteurs de la
Nation, votre préfence majeftueufe
étoit la joie & la confolation de vos
peuples, en même-tems que la terreur
& l'effroi de leurs ennemis ! Filles d'Ifraël, donnez, ah ! donnez un libre cours
à vos larmes ; livrez-vous à votre douleur ; jamais il n'en fut de plus jufte.
Comment vos défenfeurs, comment nos

Héros font-ils tombés dans le combat, & comment Jonathas a-t'il été tué fur vos montagnes ? Jonathas ! ah ! votre mort me perce le cœur. Jonathas, mon Frere, mon Ami, le plus beau & le plus brave des Princes, digne d'être ai-mé d'un amour plus grand que celui qu'on a pour toutes les Femmes ! Jona-thas ! Jonathas ! O mon Ami ! Mon cher Ami !.. Comment font tombés ces Héros d'Ifraël, la fleur de fes braves, & la gloire de fes armes, fon apui, fon foutien, fa force & fon falut » !

Ces regrets d'un Guerrier fur la mort d'un autre également brave & bon, vaillant & vertueux, rapellent ceux d'A-chille fur la mort de Patrocle. » O Pa-trocle, s'écrie le Héros, fils de Thétis, revenu des premiers éclats de fon dé-fefpoir, & laiffé au fentiment de fa douleur ! Mon cher Patrocle ! Infortuné Patrocle ! Le plus cher de tous mes Compagnons ! Oui, la perte de mon Pere, celle même de mon Fils, toute accablante qu'elle fût , me défoleroit moins que la tienne, mon cher Patrocle, le plus fidèle de mes Amis, & que j'aimois plus que moi-même ! O mon Ami, mon cher Ami , cher & infortuné Patrocle »!

L'ennemi même rendoit à Patrocle le témoignage d'être aussi recommandable par sa bonté que par sa valeur, *Mitemque fortemque* , disoient de lui les Troyens aussi-bien que les Grecs. L'un des Princes & des Généraux de ceux-ci, qui le vit tomber sous les coups d'Hector , s'écria d'une voix tonnante, rendue furieuse par la douleur : »Généreux Grecs , officiers & soldats , qu'on se souvienne aujourd'hui de la douceur & de la bonté du vaillant Patrocle! Tant qu'il vécut , il s'empressa d'obliger tout le monde, vous le sçavez ; & maintenant , hélas ! étendu Mort sur la poussiére, le voilà en proye aux outrages de l'ennemi! Généreux Grecs , ô mes amis, redoublons d'ardeur & d'efforts

contre cet ennemi furieux ; sauvons
l'honneur , vengeons la mort du brave
& bon Patrocle »! Ceux qui entendirent
ces paroles de Ménélas , se précipité-
rent en rugissant avec lui au fort de la
mêlée , jurant que la terre s'entr'ouvri-
roit sous leur pas pour les engloutir ,
avant que les Troyens vinssent à bout
d'effectuer leurs menaces & réussissent
à faire de Patrocle la proye de leurs
chiens. Les bataillons animés & confon-
dus près du corps, se l'arrachérent dix
fois. Les Grecs en restérent enfin les
maîtres , après des prodiges de valeur ,
& furent , baignés de larmes & tout couverts du sang répandu pour lui , déposer
dans la tente d'Achille , le corps inani-
mé de son ami , l'Ami de tous , le brave
& bon , le vaillant & vertueux Patrocle.

C'est au concours de ces qualités unies ,
dans le dégré de l'excellence , que les
Sages mêmes du Paganisme , Socrate
& Platon , reconnoissent l'Or pur dont
le Ciel forma , selon eux , l'ame des Hé-

ros, en les rendant d'autant supérieurs
au reste des hommes, que l'or pur est
lui-même supérieur aux autres métaux.
C'est à ces traits qu'ils reconnoissent &
révèrent ces Cœurs magnanimes & ces
grandes Ames, formées d'un limon de
choix, d'une substance épurée & presque divine, qui, défenseurs généreux,
bienfaiteurs prodigues de l'humanité,
& comme ses Génies protecteurs, mé-
ritent ses hommages, non-seulement
dans le cours de leur vie, mais après
leur mort, où ces Philosophes ne craignent point de leur décerner, comme
de droit, les honneurs de l'Apothéose,
en associant leur culte à celui des In-
telligences Célestes.

Nous ne tairons point que l'intérêt
& la reconnoissance Patriotiques offrent
la perspective d'un même sort à quelques autres Citoyens destinés à mourir en
paix, de vieillesse ou de maladie ; à ceux
qui seront reconnus avoir passé leur vie
dans l'exercice éprouvé d'une vertu émi-
nente.

nente. Mais ce partage de la Noblesse & de l'Apothéose Militaires, est loin d'en ternir le lustre ou d'en diminuer l'éclat; attendu qu'il se fait manifestement aux mêmes titres de Sacrifice personnel & d'Utilité publique; & qu'il supose dans ces vrais Amis de la Vertu, une résolution ferme & courageuse de braver les ronces & les épines semées dans son champ, pour en recueillir eux - mêmes & en faire recueillir aux autres les heureux fruits.

En effet, quoiqu'un État puisse & doive même quelquefois, selon ses besoins, négocier en quelque façon, & faire valoir, au défaut d'autres fonds ou effets, les titres, les exemptions, les priviléges, & les distinctions plus ou moins spécieuses d'une Noblesse arbitraire & politique; on ne peut disconvenir que la Noblesse naturelle, personnelle & réelle, ne consiste essentiellement dans la Grandeur d'ame, & l'Élévation des sentimens, dans une utile Supériorité de

cœur, d'efprit, d'ame, & comme de nature, indépendamment de toute efpéce d'inftitution & de convention.

Hé! quel homme fenfé ne reconnoît
de lui-même cette Nobleffe précieufe
dans ces Hommes fupérieurs, qui, fouf-
traits au joug du malheur, & pouvant
concentrer leur félicité en eux-mêmes,
entre les bras de la molleffe, préférent
à ces charmes féduifants, les veilles &
les peines qu'emporte le dévouement à
l'utilité publique, & au bien général?

Qui ne la reconnoît, par exemple,
dans ce Citoyen occupé, dont les vues
élevées, les fpéculations vaftes, les juftes combinaifons, l'efprit d'ordre, plus
encore, le Cœur droit & généreux, fçu-
rent agrandir & annoblir la fphere du
Commerce, récompenfer & encourager l'induftrie laborieufe des peuples,
& par le judicieux emploi de fes divers
produits, par l'économie entendue de
leur diftribution dans les différentes
parties de l'Etat & de la Société, y

faire à la fois germer & fleurir l'opulence privée & l'univerfelle abondance ?

Qui ne la reconnoit dans cet autre finguliérement apliqué, intégre & défintéreffé, qui, Juge & arbitre de fes Concitoyens, ne s'étudiant qu'à les concilier, fçait, au milieu du Dédale des loix & du ténébreux Cahos de la chicanne, fuivre le fil, le fentier de la Juftice, & les amener à fe louer tous de fon équité, fans avoir à fe plaindre de fa dureté ?

Qui ne la reconnoit & n'y aplaudit dans cet autre encore, également intégre & défintéreffé, qui, honoré de la confiance du ciel & de la terre, chargé des intérêts de l'un & de l'autre, n'en perd jamais de vue l'union raifonnable ; qui, jaloux de la gloire du Dieu Créateur, mais plein d'un zèle éclairé, tendre & affectueux pour le bonheur des Hommes, fçait à leur égard plier & multiplier, fous différentes formes, fon caractère bienfaifant, pour les obliger, les fervir , & , s'il fe pouvoit, les rendre tous , chacun felon les devoirs & les moyens de fon état, juftes , bons & heureux ?

Quel homme honnête & fenfé ne voit & ne révere, comme par inftinct , cette Nobleffe naturelle, perfonnelle & réelle , cette nobleffe incommunicable & en quelque forte divine , puifque Dieu feul peut la conférer, dans la belle ame & le génie utile de ces Citoyens d'élite , dans ces dignes & trop rares Miniftres de la morale & de la religion, dans ces Ecrivains patriotes, dans ces vrais & encore plus rares Philofophes, dont les mœurs vont de pair avec les talens, & dont le cœur eft d'accord avec la langue ou la plume pour enfeigner & pour infpirer la vertu ?

Tel parvenu au-deffus des vapeurs d'un Lac fangeux , le Cygne éclatant fe bat les flancs de fes aîles , & anime les fiens à redoubler avec lui d'efforts pour foutenir leur vol , & ne refpirer tous

qu'un air libre & pur. Ou plutôt, tel
oſant s'élancer vers le Soleil même,
l'Aigle généreux ſe charge encore d'y
guider l'eſſor enhardi des ſiens, & plane
avec eux dans la Nue, au-deſſus des pro-
fonds abîmes où ils voyent ſans peur,
entre les poiſons de mille plantes véné-
neuſes, fermenter le fiel & frémir la
rage des ſerpens.

Ce n'eſt donc pas ſans raiſon que
nous joindrons ces Héros pacifiques &
ces Citoyens bienfaiſans, aux Héros guerriers, aux dignes Militaires, pour les
honorer ſpécialement, pendant leur vie
& après leur mort. C'eſt moins, diſent
les Philoſophes cités, une Honneur que
nous leur ferons, qu'une Juſtice que nous
leur rendrons, & que nous avons intérêt de leur rendre. Ceci rentre à peu
près dans l'eſprit de l'Egliſe ou de la
Religion même, qui place également
ſes Apôtres, les Martyrs, ſes ſaints Docteurs, & ſes ſaints Guerriers, entre nos
céleſtes Patrons, & nous les fait récla-

mer, au besoin, comme nos Protecteurs en titre, & nos Anges tutelaires.

Mais c'est à ces traits d'une Bravoure & d'une Bonté, d'une Valeur & d'une Vertu supérieures, que dûrent absolument être marqués ceux-ci, pour partager dignement avec Dieu lui-même les fonctions augustes & les attributs divins de Sauveurs de son peuple, & avoir droit en conséquence, à notre culte & à nos hommages. Une intrépide audace ne les dévoua aux sanglants hasards & aux mortels dangers des plus furieuses Guerres, qu'autant qu'exalté & pour ainsi dire sublimé par leurs principes de vertu & de religion, un sentiment tendre & compâtissant d'amour & de bonté pour leur Patrie & pour leurs Compatriotes courbés sous le joug de l'opression, leur fit concevoir le généreux dessein de les en affranchir, à leurs propres risques, dépens & périls personnels, au prix de leurs biens, de leur sang & de leur vie.

Mais pour finir par un trait de l'Hiſtoire Sainte, dont nous avons obſervé
que les Maximes & les Exemples ſont à
la fois & nos Principes & nos Modèles,
c'eſt à ces traits, c'eſt ſpécialement à
l'empreinte ſacrée de ce double ſceau
de la bravoure & de la bonté, de la
valeur & de la vertu , que l'eſprit de
Dieu fait préconiſer , pendant ſa vie &
après ſa mort , l'immortel Judas Machabée, par la voix unanime des Peuples,
dans la libre & franche expreſſion de
leurs divers tranſports de joye, & de douleur.

D'après ce témoignage náturel & ir-
récuſable, on voit que ce Héros fit en
effet éclater , avec un égal avantage ,
& ſa bravoure & ſa bonté , & ſa valeur
& ſa vertu. Auſſi ſaint Iſraélite que brave
Guerrier ; auſſi intrépide & infatigable
à la tête des armées, qu'il étoit juſte ,
intégre , modeſte, humain, doux , bien-
faiſant & bon dans le commerce de la
vie ; il ſçut accorder dans un heureux

concert , les vertus civiles, domestiques , militaires & religieuses. Il étoit
également révéré & chéri des Soldats
& des Peuples, accoutumés à voir en lui
le Bienfaiteur commun, l'Ami généreux,
le tendre Pere de tous. Il rassembla les
restes dispersés de ses Compatriotes, &
résuscita le Corps presque anéanti du
Peuple Hébreu. Il couroit pour eux à
travers les plus effroyables dangers ,
comme un Lion que rien ne sçauroit
arrêter dans la défense de ses Lionceaux.
Il étoit l'épée & le bouclier d'Israel.
Ses Camps & toute la Judée étoient à
l'abri & vivoient en paix sous la protection de ses armes. Il releva & accrut
l'honneur de sa Nation , & il fi   la fois
l'Auteur & la Victime de son Salut. Tel
est en substance le glorieux témoignage
que lui rend l'Ecriture.

Aussi n'est-il pas possible d'exprimer
la désolation où la mort de ce Héros
plongea tout Israël. On ne se lassoit
point de raconter publiquement , dans

les places , cette Multitude presque in-
nombrable de Périls qu'il avoit cou-
rus , de Travaux qu'il avoit essuyés, de
Combats qu'il avoit soutenus , de Batailles qu'il avoit livrées , de Victoires qu'il
avoit remportées pour la défense , la
liberté , l'honneur & le salut de la Patrie. Hélas , hélas ! s'écrioient Jeunes &
Vieux , Hommes & Femmes, d'une voix
entrecoupée d'amers sanglots : Comment a-t'il succombé ? Comment est
mort ce Héros magnanime, à qui nous
devons tous la liberté , les biens , l'honneur & la vie ? *Fleverunt eum omnis
Israel planctu magno , & dixerunt : Quomodo cecidit potens qui salvum faciebat
populum Israel ?*

Ces principes & ces sentimens de l'illustre Judas Machabée, & de tout ce
que l'Esprit Saint forma de Héros dans
son Peuple, font les nôtres , ceux mé-
mes de la Vertu & de la Religion. Ré-
sumons donc , & par une conséquence
démontrée sur laquelle il seroit fasti-

dieux de s'apesantir davantage, Concluons enfin, ce que nous nous étions proposés de montrer : que les principes & les sentimens de Vertu & de Religion, loin d'énerver le Courage & d'exclure l'Héroïsme, en sont au contraire l'aiguillon le plus vif & la base la plus ferme, ou le plus puissant Motif & le plus solide Fondement ; & qu'un Militaire vertueux & chrétien, guidé par ces Principes & animé par ces Sentimens, non-seulement peut, mais encore, doit être à la fois le plus intrépide & le plus accompli des Guerriers, le plus magnanime & le meilleur des Hommes.

F I N.

www.ingramcontent.com/pod-product-compliance
Lightning Source LLC
LaVergne TN
LVHW021937030726
842523LV00001B/176